U0153222

第一本中國笑話書入門。

中國笑話讀本

林淑貞◎著

五南圖書出版公司 印行

序

　　喜見好友淑貞教授編寫的《中國笑話讀本》一書面世！此喜，一則這本笑話書除了帶給我先睹為快的開心外，也讓我體會到笑話書中—生命不可承受之重，重新體悟到「智慧」，與「愚蠢」只是「一念之差」，而智慧之開顯是人生迫切的功課；二則本書亦可提供學院長期以來以雅正、嚴肅教材為主的教學模式，注入一道清涼劑。此話怎講？

　　其一是目前坊間編纂中國笑話的教材書籍寥寥無幾，題為楊家駱主編之《中國笑話書》乃據王利器《歷代笑話集》（後改為《中國笑話大觀》）而成，書中指出：「笑話為俗文學的一支，以笑料妙語表機智巧思，幽默雋永，要言不煩，今所輯上自漢末魏初邯鄲淳的笑林起，下迄清末俞樾的一笑止，凡魏晉南北朝唐宋元明清二千年間笑話悉收於此書中，實為笑話文學的一大集結。」但其內容經編入大專院校人文教科書的比例仍鮮少。可知此書不僅提供學界不同的教學視野，亦可引發讀者體會中國笑話之意義，不只是通俗文化的一種表現，也非僅反映市井流俗的集體視界，且有「鏡視自我」的功能。由此要如何闡發創作者理性和智慧的價值意涵，是有待大家同心協力的投入！

　　其二是在這「全球瘋中文」的時代，學院的教學革新聲浪雖風起雲湧，但實際上教學教材方面的成效仍不彰。當前如何培養大學生擁有「熱情、創意、格局」等能力，來面對變動的時代，來翻轉其未來？或許這本笑話讀本的獨特藝術價值—內容多元廣泛而生活化、篇幅短小而價值明確、幽默詼諧而風格多變等特色，易於啟發讀者的智慧，讓大家在意蘊深長地笑過後，留下印記，汲取教訓，開顯智慧。但不應漠然淡視者是，笑話書中對讀書人毫不容情的諷嘲譏謔，亦包含知識階層自憐、自艾、自虐的心理狀態。其實這些愚蠢、迷惑的生命樣態，就是作者要迫切指點大家，「智慧」的開顯是

當務之急，但「智慧」如何能開顯？最重要的功夫，就是去掉心靈塞滿成見的偏執、自以為是的高傲等毛病，由此時時反省自己，或能轉悟出「自知之明」的生命。經由此，相信這些「寓莊於諧」的笑話書，其「智慧」的開顯之道，是能提供讀者不同的學習視野、思考方式、以及生命的省思等，亦能有助於其與變動的時代接軌。

綜言之，從本書第一章導論的詳盡完整簡介，可說是瞭解中國笑話最佳的入門磚，相信也是重新審視中國社會文化的新進路。

首先，在「笑話的範圍與定義」中編者清楚指出：笑話，是現代人的語詞，在中國典籍當中，與「笑話」義近或義似者有幽默、詼諧、偕讔、滑稽、俳偕、俳笑、偕謔等詞彙，而今日的「笑話」與上述諸詞，多有近義或義似的關係。又笑話／幽默／詼諧／滑稽／俳諧／俳笑／俳謔等用法，就是和嚴肅／敬重（gravitas）／嚴謹之意相反。簡言之，笑話就是指：能激發笑意的言詞。其中，或含蘊諷刺、諧擬（proady）、反諷、嘲諷等涵意，有時也和寓言含融互攝成笑話型寓言。這些笑話書的趣味性、豐富性、多元性、哲理性等亦在其中矣。

其次，從第二章至第六章是簡明扼要介紹中國歷代笑話的發展脈絡，舉出各時代豐碩的佳作加以詮解印證，從擇選這些笑話以觀，雖然向來被視為「小道」，卻表現出千奇百怪的眾生相，於今觀之，這些怪現象仍不斷在社會上演，它所展現的意義，恐怕才是最能貼近社會大眾的。而笑話書的意義如何內化入我們的生活裏，還有待人們再接再厲。因此，真切希望藉由此書的閱讀學習，我們能夠省思其背後的意涵，期能有助於我們重新審視當前的社會文化問題，也能開顯智慧面對當代的存在處境，進而從容轉化人生的有限性。是為序。

黃麗卿　序於淡江大學中文系

目　錄

第一章

笑話書導論

　　中國笑話書，對很多人來說是陌生的，為什麼呢？因為笑話一直處於非主流的邊緣地帶，小說至少還被稱「小道」，笑話連「小道」都談不上，雖然如此，非主流並不代表不存在，仍然有一些笑話被編寫進各種典籍與史書之中，甚至，司馬遷的〈滑稽列傳〉與劉勰的〈諧讔篇〉很早就關注這類文學的敘寫與論述了。本部份先勾勒笑話的定義範圍、文體形式、編寫者、編纂結構、敘寫形式、題材內容、刊印流傳等項，做一簡單疏理，俾益讀者了解笑話書的梗概。

一、笑話的範圍與定義

　　笑話，是現代人的語詞，在中國典籍當中，與「笑話」義近或義似者有幽默、詼諧、諧讔、滑稽、俳偕、俳笑、諧謔等詞彙，茲將其意義表述於下，冀能釋名以彰義。

(一) 幽默

　　幽默一詞，中國最早是出現在屈原的〈九章‧懷沙〉，其云：「眴兮杳杳，孔靜幽默」，此處的「幽默」是指寂靜無聲，與我們今日所用「幽默」一詞的用法迥不相侔。

　　西方「humour」一詞根據（荷）簡‧布雷默，赫爾曼‧茹登伯格在《搞笑：幽默文化史》[1]中指出，1682年之前指精神屬性或脾性（血液、吐沫、膽汁），其後，才轉義成為「有趣而意味深長」的言語。

(二) 詼諧

　　詼諧一詞最早出現在《漢書》‧〈敘傳第七十下〉（卷一百下）：「東方贍辭，詼諧倡優。」指出東方朔是一位擅長以詼諧語

---

[1]　參見，（荷）簡‧布雷默，赫爾曼‧茹登伯格編著：《搞笑：幽默文化史》，北京：社會科學文獻出版社，2001

詞講話的倡優。又，《昭明文選》卷四十七，晉夏侯湛〈東方朔畫贊〉中也指出：「明節不可以久安也，故詼諧以取容。」同樣揭示東方朔是一位喜歡用詼諧語詞讓人發笑的人。故而「詼諧」的意思可以指稱有趣的人、事、物。

(三) 諧讔

《文心雕龍·諧讔》篇的「諧讔」，是指「諧辭讔語」，包括二層意義，一以說笑取諷，一以隱譏示意。而「諧」是什麼意思呢？「諧之言皆也，辭淺會俗，皆悅笑也。」意思就是說「諧」是以淺近之語詞，讓大家可以開心的歡笑。

(四) 滑稽

《史記》在卷七十一〈樗里子傳〉中指出：「樗里子滑稽多智，秦人號曰智囊。」樗里子是位聰明多智的人，「滑稽」就是指「使人發笑之語言、行動或事態。」

(五) 俳諧

攸關「俳諧」的記載有二則，其一，《北史》李文博傳：「好為俳諧雜說，人多愛狎之。」指李文博喜好說笑，大家皆喜歡親近他。其二，《隋書經籍志》四總集著錄南朝宋袁淑有《俳諧文》十卷，《新唐書藝文志》作十五卷，又小說家著錄唐代劉訥言有《俳諧集》十五卷，這些書，今皆不傳，然而因為著錄在史書當中，讓後人知道有這些「俳諧」的文集。俳諧就是指戲謔取笑的言辭，也是開玩笑的話。

(六) 俳笑

「俳笑」一詞出現在《史記》卷九十一〈黥布傳〉：「及壯，坐法黥。布欣然笑曰：人相我當刑而王，幾是乎？人有聞者，共俳笑之。」這裡的黥布是被眾人嘲笑、戲笑的；又，〈急就篇三〉記

載：「倡優俳笑觀倚庭。」也使用「俳笑」這個語詞，其意就是戲笑、取笑、嘲笑或開玩笑。

(七) 俳譃

在唐訥言所編的《諧噱錄》裡，有一則〈牛羊下來〉的笑話，寫著：

> 侯白好俳譃。一日，楊素與牛弘退朝，白語之曰：「日之夕矣。」素曰：「以我為『牛羊下來』耶？」

侯白是個幽默的人，喜歡開玩笑，以《詩經》詩句「日之夕矣，牛羊下來」，一語雙關用來指楊素（羊）及牛弘（牛）二人退朝。此中的「俳譃」是指「戲言、笑話」之意。

綜上所述，今日的「笑話」與上述諸詞，多有近義或義似的關係。

而笑話／幽默／詼諧／滑稽／俳諧／俳笑／俳譃等用法就是和嚴肅／敬重（gravitas）／嚴謹之意相反。簡言之，笑話就是指：能激發笑意的言詞。其中，或含蘊諷刺、諧擬（proady）、反諷、嘲諷等涵意，有時也和寓言含融互攝成笑話型寓言。

二、笑話存在的文體形式

笑話呈示的文類有散文、詩、詞、曲、小說、對聯等等，不一而足，一般而言，以散文形式最多，如文後所列典籍或笑話專著，即是以散文的形式存在為多。

亦有頗多笑話寄存在小說當中，例如諧趣敘寫者，有《紅樓夢》之〈劉姥姥進大觀園〉、《儒林外史》之〈范進中舉〉、《濟公傳》之濟公形象等，這些雖非以笑話書名世，當中卻有一些雋永有味的篇章令人發噱，或諧趣之內容資供悅笑，這些皆頗有可觀，不容錯過。

　　另外，尚有以章回小說書寫的笑話小說傳世，例如《何典》共有十回，以詼諧小說的形式面市。然因本書所輯以短小、言簡意賅之笑話為主，故而省略章回小說式的笑話書，讀者若有興趣，亦可繼續發皇探尋此類小說。

　　除了散文、小說形式之外，尚有輯錄詩、詞、曲形式的笑話者，例如題為池上餐華生所輯的《詩笑》凡有上下二卷，輯錄唐代以降之諧趣詩歌的笑話專書。再如明代李開先有《詞謔》，選錄詼諧諷刺的曲文與笑話故事。

　　以詩歌為笑話的基材者，茲舉一則為例，郭璞《游仙詩》有兩句詩：「清溪千仞餘，中有一道士」，石動筩自言更勝於郭璞，原來是將原詩改為：「清溪二千仞，中有兩道士。」。

　　戲劇，為例更多，茲舉山東柳子戲《七錯》為例，故事講述由七個錯別字構成家信所鬧的笑話。有一位景全根和他的兒子景石明離家到山東做生意，開了一家小店，生意興隆，由於忙碌沒工夫回家探親。有一天聽說鄰里楊明生返里探親，請他帶回一封家信。信的全文是：

> 俺來山東，買賣倒也帽（茂）盛，巾（今）有一箱
> （鄉）林（鄰）明生返里探親，托他代銷（捎）家書一
> 封，銀子五兩。近來生（意）望（旺）繩（盛）。因亡
> （忙）故（顧）一人，不能回家。

由於這封信沒有加標點符號，由一位秀才唸給家中老婆和兒媳聽，秀才把信的內容解釋為：

> 俺自來山東，買賣倒也。帽盛巾有一箱。林明生返里探
> 親，托他代捎家書一封，銀子五兩（賣帽子的錢）。近
> 來生圈望繩，人死了，是上吊的，所以說是亡故一人，

　　不能回家。死者不是老的便是小的，又生了疾病，所以
　　不能回家。

沒有標點符號，加上錯別字七個，造成秀才會錯意，將意義全部顛倒
解釋。

　　現代也有一些有趣的對聯，例如南投草屯有一家理髮店，店名叫
作「修理帥哥」有一幅對聯，頗有意思：

　　上聯：憑我指掌，修理天下英雄，誰敢還手
　　下聯：就此剪刀，刮剃世間豪傑，無不低頭
　　橫聯：不許白髮催人老，更使春風對面生

是不是很貼切、很有趣呢！還有一幅對聯也頗有意味：

　　上聯：馬歇爾請爾歇馬。
　　下聯：牛作善不善作牛。

　　職是，笑話存在的文體形式，不固定在散文之中，亦不以散文為
限，遍存在各種文體當中，包括小說、戲劇、詩、詞、曲、賦等，且
不專存在「笑話專書」裡，亦而可以雜揉在各種文學作品當中，成為
一種滲透性強的次文類。

三、笑話書的撰寫與編者

　　中國第一本笑話書是魏代邯鄲淳的《笑林》，其後有侯白的《啓
顏錄》，此二書皆是笑話專著。此後，中國的笑話多以編纂為多，主
要是因為笑話隸屬民間文學，民間文學的流動性與變動性造成寫本不
一，遂有文士編纂成書，我們若從作者或編纂者觀之，作者述作形式
大約有四種類型：

1. 以纂輯典籍笑話爲主，不作任何修改、增刪，例如明代許自昌的《捧腹集》、清鐵舟寄庸《笑典》主要以輯錄先秦子史迄南北朝史書等典籍而成，旨在蒐錄，不作刪修。

2. 以文人創作爲主，例如趙南星的《笑贊》、潘游龍的《笑禪錄》等，是文人自己創作的笑話。

3. 經文人改寫、增刪、重編，例如馮夢龍的《古今譚概》、《笑府》等按類編纂，卷帙清晰，有助閱讀。

4. 以編輯爲主，文末有眉批或贊詞者，例如題爲佚名輯編之《書笑》，乃將經典中的意義以諧擬、仿諧的方式輯成笑話，並在每一則之後列有眉批，以釋其意。

　　基本上，笑話書爲通俗文學，流行於市井之間，通常也附掛在日用類書之中，成爲生活的必需品，爲使流通廣遠，遂有文士蒐集、編纂，使之流行於民間，因是通俗的笑話，故雅俗、諧謔兼而有之。目前所見，以纂集、輯錄典籍中的笑話爲多。

　　若再從作者或編纂者稱名方式觀之，大約有數類，其一、不直書眞名，以號名之；蓋笑話乃小道，不登大雅之堂，遂不直書眞名，或姑隱其名，此類編者或作者甚多，例如游戲主人《笑林廣記》、浮白齋主人《笑林廣記》、小石道人《嘻談錄》、獨逸窩退士《笑笑錄》等；其二、敢以眞名示人者，例如潘游龍《笑禪錄》、趙南星《笑贊》、石成金《笑得好》、張夷令《迂仙別記》等。

　　從不同編／作者標示姓名、字號的書名方式可管窺中國人對笑話書的對治與接受的立場與態度。

四、笑話書的編纂結構

　　笑話書的編纂結構大抵可以分作三種類型：

㈠ 殘叢小語方式

　　呈示無系統之組構方式，純以輯錄爲主，例如明人李贄彙編的《雅笑》多輯自筆記、瑣談；明浮白齋主人輯錄之《雅謔》全書

一百三十八則，全書不分卷亦不分類；這些笑話書旨在輯錄，並無結構體系。目前留存的笑話書以此類爲多。

㈡ 有機組構方式

由於所輯錄笑話之卷帙龐大，乃分類標示，屬於有體系、有分卷、有分類之笑話書，例如馮夢龍的《古今譚概》（《古今笑》）、《笑府》等，結構完整，編類清晰，有益閱讀。茲以馮夢龍《古今譚概》爲例，分爲三十六類：迂腐部、怪誕部、痴絕部、專愚部、謬誤部、無術部、苦海部、不韻部、癖嗜部、越情部、佻達部、矜嫚部、貧儉部、汰侈部、貪穢部、鷙忍部、容悅部、顏甲部、閨誡部、委蛻部、譎知部、儇弄部、機警部、酬嘲部、塞語部、雅浪部、文戲部、巧言部、談資部、微詞部、口碑部、靈跡部、荒唐部、妖異部、非族部、雜志部。

再如馮夢龍編的《笑府》，分爲十三類：古艷部、腐流部、世諱部、方術部、廣萃部、殊稟部、細娛部、刺俗部、閨風部、形體部、謬誤部、日用部、閏語部。

再如明代曹臣編的《舌華錄》，分爲九卷十八類：慧、名、豪、狂、傲、冷、諧、謔、清、俊、諷、譏、憤、辯、穎、澆、凄。

以上所示，將同性質或同類置放一起，皆屬有系統之編纂方式。

㈢ 分卷不分類方式

編輯者將所輯之笑話，分卷臚列，並且註明編選自何書，此類笑話書以編輯古籍爲主，不分類，只有分出卷帙，大抵是因爲數量龐雜，以卷次依時序排列，較能統整龐雜的笑話數量。例如許自昌《捧腹編》共有十卷，不標示何以分成十卷，只於笑話之末，標示所選用書籍的出處。

以上三種類型是目前編纂笑話書所呈現的組構方式。

五、笑話書的敍寫形式

從笑話內容的敍寫形式觀之，亦有三種形式：

(一) 結構化之書寫形式

每一則笑話皆採用統一結構呈示，例如潘游龍《笑禪錄》，每一則笑話有：舉、說、頌三段式結構。茲舉例如下：

> 舉：舍多那尊者將入鳩摩羅多舍，即時閉戶，祖良久扣其門，羅多曰：「此舍無人。」祖曰：「答無者誰。」
> 說：一秀才投宿于路傍人家，其家止一婦人，倚門答曰：「我家無人。」秀才曰「你？」復曰：「我家無男人。」秀才曰：「我？」
> 頌曰：舍內分明有個人，無端答應自相親；扣門借宿非他也，爾我原來是一身。

「舉」是尊者與佛徒對話，「說」是以世俗爲喻，「頌」則是所要揭示的禪理。透過「佛」與「俗」對照，以「俗」理來彰顯「佛」理，映照透顯出「頌」的禪理來，說明你我原來是一身，不分彼此。

(二) 有贊語或眉批者

每一則笑話之末，標示作者創作或編纂意圖於其中，或以「眉批」方式呈現，或以「贊語」方式呈現，例如趙南星《笑贊・懼內》，有笑有贊，內容雖輕薄短小，卻能將作者之觀點彰顯出來。茲舉例如下：

> 一人被其妻毆打，無奈鑽在床下，其妻曰：「快出來。」其人曰：「丈夫說不出去，定不出去。」

贊曰：每聞懼內者，望見婦人，骨解形銷，如蛇聞鶴叫，軟做一條。此人仍能鑽入床下，又敢于不出，豈不誠大丈夫哉。

丈夫被毆，「贊曰」卻反言揭示丈夫敢鑽床下，又敢說不出來，也是另外一種大丈夫吧，嘲諷之意味盡在其中。

㈢ 以條列式呈示者

不加上任何說明，僅以臚列各條之笑話者，此類笑話最多。例如《廣笑府・賣弄》：

或問佛印曰：「觀音傍有侍者，何為自提淨瓶？」佛印戲答曰：「求人不若求己。」

本則雖是笑話，卻揭示「求人不如求己」的深意。

有些笑話，不僅在博君一粲之外，尚能展示深刻的哲理內涵。有些笑話甚至與寓言相合而成笑話型寓言，其言簡意賅更具有意涵內蘊。例如《笑林廣記》・〈做屁〉：

一秀才死見冥王，自陳文才甚敏，王偶撒一屁，士即進前詞云云。王喜，命延壽一年。至期死，復詣王。適王退朝，鬼卒報有秀才求見，王問何人，鬼卒曰：「就是那做屁文字的秀才。」

秀才陳述自己文才敏捷，冥王偶然放個屁，秀才便做文章來阿諛冥王，這個笑話是用來諷刺阿諛奉承的人，就像做屁秀才一樣。再如《笑贊》・〈顏回買德〉：

一富家生員，賄買師長，得列德行受賞，有鄉紳謂之曰：「是人說顏子窮，他有負郭田三十頃，如何得窮？只是後來窮了。」其人不省，請教，曰：「也只為賣這田，買了德行。」

贊曰：賄買教官，能費幾何？德行生員，能賞幾何？世間天大來德行，都用錢買，這些窮措大何足言也。

藉顏回因為買德行而成為窮人，來諷刺生員花錢買德行。前半段是笑話，後半段是寓意，藉A來寓寄B的道理，凡此有言外寄意者，即是。

六、笑話書的題材與內容

笑話取材面向多來自社會各階層，反映不同的人生百態與現象，我們若從題材選擇觀之，所選寫的面向包括：

㈠ 諷寫政治或官場文化

例如《廣笑府・官箴》・〈貪墨〉：

一仕宦貪墨甚，及去任，倉庫為之一空。民作德政云：「來時蕭索去時豐，官幣民財一掃空；只有江山移不去，臨行寫入畫圖中。」

《左傳》昭公十四年記載，貪以敗官為「墨」，此指貪財好賄。用來諷寫地方官之貪賄，再如《廣笑府・官箴》・〈衣食父母〉：

優人扮一官到任，一百姓來告狀，其官與吏大喜曰：「好事來了。」連忙放下判筆，下廳深揖告狀者。隸人

曰：「他是相公子民，有冤來告，望相公與他辦理，如
何這等敬他？」官曰：「你不知道，來告狀的，便是我
的衣食父母，如何不敬他？」

以「來告狀的，便是我的衣食父母」來諷刺貪贓枉法的官吏。

㈡ 揶揄社會各種行業之群相

　　包括：士、農、工、商、巫、醫、寫眞、匠……等，例如諷刺醫
生的笑話，有《笑府‧方術》‧〈學游水〉：

一醫生醫壞人，為喪家所縛，夜自脫，赴水遁歸。見其
子方讀《脈訣》，遽謂曰：「我兒讀書尚緩，還是學游
水要緊。」

敘寫一位醫生不小心將人醫死了，被喪家捆住，半夜自行逃脫出
來，跳水游回家。回到家看到兒子正在讀醫書《脈訣》，立即告訴兒
子說：「兒子啊，暫緩讀書吧，還是先學會游泳比較要緊。」。再如
《笑林廣記‧方術》‧〈賠〉：

一醫醫死人，即以己兒賠之。無何，醫死人僕，家只一
僕，又以賠之。一夜，又有叩門者，云娘娘產裡病，煩
看。醫私謂妻曰：「又看中你了。」

敘寫一位醫生不小心醫死人了，只好用自己的兒子理賠。沒有多
久，又醫死了別人家的僕人，自家只剩下一位僕人了，只好又做為理
賠之用。一天夜裡，又有敲門的，說娘娘生產患病，麻煩醫生前往
看診。醫生馬上私下對妻子說：「這回又看中你了。」。再如《笑
府‧方術》‧〈僵蠶〉：

> 一醫甚無生理，忽求葯者至，開箱取葯，中多蛀蟲。
> 人問此何物，曰：「僵蠶。」又問：「僵蠶如何是活
> 的？」曰：「吃我葯耳。」只怕人吃了，倒做了僵蠶。

敘寫一位醫生的生意不好，忽然有一位客人來求開葯，醫生打開葯
箱取葯，看見很多蛀蟲，客人問這是什麼東西？」醫生說：「僵
蠶」，又問：「僵蠶為什麼是活的？」醫生回答說：「因為吃了我
的葯的緣故耳。」，用來反諷吃了葯反而活了；文末揭示只怕人吃
了，反而做了僵蠶，用來嘲諷醫術不佳呢。

(三) 嘲諷人物之稟性、特質者

包括：痴、愚、貪、吝、迂……等，在馮夢龍所編寫的笑話書所
在多有，例如《廣笑府・貪吝》・〈一錢莫救〉：

> 一人性極鄙嗇，道遇溪水新漲，吝出渡錢，乃拚命涉
> 水，至中流，水急沖倒，漂流半里許。其子在岸旁，覓
> 舟救之。舟子索錢，一錢方往，子只出五文，斷價良
> 久不定。其父垂死之際，回頭顧其子大呼曰：「我兒我
> 兒，五分便救，一錢莫救！」

有人天性非常吝嗇，有一天要渡溪水，結果溪水新漲，為了省下過渡
錢，於是拚命的涉水想游到對岸，到了中流，溪水湍急把他沖倒，在
水中漂流了半里，他的兒子在岸邊找船要救他，船夫要價一錢才要前
往救人，兒子只願意出五分錢，討價還價半天沒有議定，他的父親在
垂死邊緣，還回頭向兒子大喊：「兒子啊兒子，如果出價五分錢就可
以來救我，一錢就不要救了。」命在危急之際，尚考慮錢的問題，其
吝嗇非可等閒。慳吝的笑話還有一則《笑得好》・〈鋸酒杯〉：

> 有一人赴宴席，主人斟酒，每次只斟半杯，客人向主人說：「尊府有沒有鋸子，可以借我一用。」主人問他要鋸子做什麼用，客人指著杯子說：「這個杯子上半節既然盛不得酒，就該鋸去，留他空著有何用？」

賓客故作誇張的言行與動作，迂迴地嘲諷主人的吝嗇。再有一則慳吝的笑話《笑得好》‧〈心疼〉：

> 有人辦一桌果茶，宴請賓客，遇到一位客人將滿碟的核桃吃了大半，主人問：「你為何只吃核桃？」客人說：說核桃可潤肺，主人回說：「你只圖潤肺，怎知吃得我心疼！」

既然心疼，何以要宴請賓客呢？以上以迂迴的手法來嘲諷吝嗇的主人。

　　再從笑話書內容的編寫、蒐集來觀察其內容，多為民間社會流傳之口耳文學，再經文人記錄、編纂而成，根據編纂取材之內容來區分，大抵有下列數項：

1. **以蒐集典籍古書之笑話為主**，例如許自昌的《捧腹編》是從典籍輯錄而成。
2. **以記錄一人或一時一代之笑話書為主者**，例如以侯白為主角人物的《啟顏錄》；以蘇東坡為主角的笑話書，有王世貞編纂的《調謔編》、佚名編的《東坡居士佛印禪師語錄問答》；也有以虛構人物為編寫對象者，例如《艾子雜說》、《艾子後語》、《艾子外語》等以艾子為主；或是《迂仙別記》以迂仙為主者。以上諸書皆是以某一人物貫穿全書者。專記一時一代之作，例如婁子匡主編北京大學中國民俗學會民俗叢書之第六冊以記錄宋代笑話為主之《笑海叢珠》及《笑苑千金》等。

3. **以編寫耳目聞見之事者**，例如吳趼人之《俏皮話》以託借於物種，諷刺清末人情世態、《新笑史》以改寫清末官場人物之各種世態人情為主。例如《俏皮話》・〈貓辭官〉：

> 皇帝以貓捕鼠有功，欲封一官以酬其勞。貓力辭，不肯就職。皇帝異之，問是何意。貓曰：「臣今尚得為貓，倘一經做官，則並貓都不能做矣。」皇帝不准，一定要貓去到任。
>
> 貓曰：「臣誓不能改節，若要到任做官，非改節不可。不然，則同僚皆不能安。故臣不敢受命也。」皇帝問何故，貓曰：「老鼠向來畏貓，而如今天下做官的，都是一班鼠輩，倘臣出身做官，一班同寅何以自安？」

「鼠輩何以自安」揭示貓鼠不容，用來諷刺貪婪、阿諛奉承的人與正直的人不相容。

4. **以某一主題貫穿全書者**，例如《笑禪錄》以解說禪理為主者。例子詳前所引。
5. **凌亂無組織者**，率爾編成。此類最多。
6. **雜揉於其他書籍中，聊備一格者**，例如有諧謔篇、滑稽類等。
7. **以顛覆經典、或偏義取趣為主者**，例如佚名之《書笑》以諧擬經典意義、《李卓吾評點四書笑》以偏義取自四書製造笑果、《笑府・謬誤部・才人》以諧音取義，例如《笑得好・謬誤》・〈才人〉：

> 一官人有書義未解，問吏曰：「此間有高才否？」吏誤以為裁衣人姓高也，應曰：「有。」即喚進。官問曰：「貧而無諂如何？」答曰：「裙而無襉，使不得。」又

> 問：「富而無驕如何？」答曰：「褲而無腰，也使不得。」官怒，喝曰：「唉！」答曰：「若是皺，小人有熨斗在此。」

這是一則雞同鴨講的笑話，巧妙運用「貧而無諂」、「富而無驕」與「裙而無襴」、「褲而無腰」的諧音效果造成笑點。

七、笑話書的刊印與流傳

目前笑話書刊印與流傳的呈現方式，大抵有幾種類型，如下所示：

㈠ 笑話收錄在類書、叢刊或叢書、全書當中者

有些笑話書已佚，因被輯入類書而存者，例如《太平御覽》、《說郛》等書中皆有輯入笑話，使已佚的笑話得以面世。

至於寄存方式，或彙編或輯錄者皆有之；有全錄而未加刪改者，亦有部份節錄者，例如有輯入《說郛》的《啓顏錄》。

有輯入叢刊者，例如，政治大學所編之《明清善本小說叢刊》初編之第六輯〈諧謔篇〉錄有十六種笑話書。

有輯入全書者，包括《四庫全書》、《續修四庫全書》或《筆記小說大觀》等，如周文玘輯《開顏集》二卷，輯入《四庫全書》之中。或題爲蘇軾撰的《東坡問答錄》亦輯入《四庫全書》。

除了寄存於古代叢書或類書當中，今人亦有重新輯編新的笑話書，例如王利器、王貞珉合編之《中國古代笑話選注》；李曉、愛萍主編二冊之《明清笑話書十種》等，所輯率爲膾炙人口之笑話。

㈡ 笑話書以單行本行世者

例如題爲游戲主人之《笑林廣記》，流傳最廣。再如江盈科的《雪濤諧史》、石成金《笑得好》、吳趼人《俏皮話》等亦能博君一粲。茲以《雪濤諧史·任事》·〈病瘡〉爲例：

蓋聞里中有病腳瘡者，病不可忍，謂家中曰：「爾為我鑿壁為穴，穴成，伸腳穴中，入鄰家尺許，家人曰：「此何意？」答曰：「憑他去鄰家痛，無與我事。」

敘寫村裡有人得了腳瘡病，痛到忍無可忍，對家人說：「你替我到牆壁挖個洞，洞挖成了，我的腳就可以伸進鄰居家中了。」家人不懂其意，問：「這是要做什麼呢？」回答說：「把腳伸到鄰居家，讓它到鄰居家中去痛，與我無關。」這種駝鳥心態實在可笑，再如《雪濤小說‧任事》‧〈外科〉：

有醫者善外科，一裨將陣回，中流矢，深入膜內，延使治，乃持并州剪剪去矢管，跪而請謝。裨將曰：「簇在膜內，須亟治。」醫曰：「此內科事，不意並責我。」

敘寫一位醫生擅長外科手術，有一回，一位小將打戰時被流箭射中，深入內膜，立即邀請醫生診治，外科醫生馬上拿起并州利剪將箭矢露在外面的部份剪去，小將問：「箭簇在內膜裡，必須馬上診治。」外科醫生上回答說：「這是內科的事情，與我不相干，不能責怪我。」，再如《雪濤小說‧催科》‧〈醫駝〉：

昔有醫人，自媒能治駝背，曰：「如弓者、如蝦者、如曲環者，延吾治，可朝治而夕如矢。」一人信焉，而使治駝，乃索板二片，以一置地下，臥駝者其上，又以一壓焉，而即躧焉，駝者隨直，亦復隨死。其子欲鳴諸官，醫人曰：「我業治駝，但管人直，那管人死？」

敘寫醫生自稱能夠替人治駝背，說：「凡是背駝得像弓一樣彎、像蝦

子一樣蜷曲，像曲環一樣彎曲的人，延聘我醫治，可以馬上直立像箭一樣的直。」有一個駝者深信不疑，請他幫忙醫治駝背，醫生立即找了二片木板，一片放在地上，讓駝背的人躺在上面，又用另外一片壓在上面，然後用腳站在上面踩踏，駝背馬上變成直的，但是隨即死去。駝背的兒子想要告到衙門去，醫生辨駁說：「我只管醫治駝背能不能變直，才不管人的人死活呢！」這一則笑話，其實是用來反映官府只管人民有無納稅，不管人民死活，透過這樣荒謬的過程，讓人體會府吏做事之不負責任。以上三則笑話都是透過醫生來演繹人民與府吏之間的關係。表層意義是藉由醫術來引發笑意，深層意涵是用來嘲諷府吏與人民之對待關係。

㈢ 重新改編或改名或重新命名者

例如馮夢龍《古今譚概》清人改為《古今笑史》。

㈣ 存於其他雜著或專著之中

例如《世說新語》有〈言語〉、〈排調〉等篇，內亦有笑話，可供解頤。例如《世說新語・言語》・〈汗不得出〉：

> 鍾毓、鍾會少有令譽，年十三，魏文帝聞之，語其父鍾繇曰：「可令二子來。」於是敕見。毓面有汗，帝曰：「卿面何以汗？」毓對曰：「戰戰惶惶，汗出如漿。」，復問會：「卿何以不汗？」對曰：「戰戰慄慄，汗不得出。」

寫兄弟二人的反應，各有敏才，應對得體且合理。再如，《世說新語・排調》・〈腹中物〉：

王丞相枕周伯仁膝，指其腹曰：「卿此中何所有？答曰：「此中空洞無物，然足容卿輩數百人。」

寫周伯仁機智反應，指自己胸襟寬大，能容下許多人，意指有容乃大。

第二章

先秦時期

一、晏子‧《晏子春秋》

晏子，名嬰，字仲，諡平，生卒年不可考，事齊靈公、莊公、景公三世，以節儉力行重於齊，思想雜揉儒、法、墨三家。

《晏子春秋》或稱《晏子》，是後人託名晏子所作，以記述晏子遺聞佚事、言行思想為主，對齊王多有諷諫。

〈雜下‧使狗國〉

晏子使楚，以晏子短，楚人為小門於大門之側而延[1]晏子，晏子不入，曰：「使狗國者，從狗門入；今臣使楚，不當從此門入。」儐者[2]更道[3]從大門入。

二、墨翟‧《墨子》

墨子，名翟，墨家創始人，生卒年不詳，或謂生於周敬王四十四年（西元前476年），卒於周安王十二年（西元前390年）。生活儉樸，善工技，懷有「摩頂放踵，以利天下而為之」之濟世救民襟抱，主張兼愛、非攻。

《墨子》一書，《漢書‧藝文志》著錄七十一卷，宋時存六十一篇，今存五十八篇，是墨家思想之集成，學說以闡揚兼愛、非攻、尚賢、節葬、非樂等為主。墨子死後，學派分為三：相里氏、相夫氏、鄧陵氏之墨學，弟子甚眾，以修正儒家學說為主，開啟先秦百家爭鳴之局面。

---

1 延：邀請。
2 儐者：接待賓客之官員。
3 更道：改道。更，變更。

〈行比狗豨〉

子夏之徒[4]問于子墨子，曰：「君子有鬥[5]乎？」子墨子曰：「君子無鬥」。子夏之徒曰：「狗豨[6]猶有鬥[7]，惡[8]有士而無鬥矣？」子墨子曰：「傷矣哉，言則稱于湯文[9]，行則譬于狗豨[10]。」

三、韓非・《韓非子》

　　韓非（西元前280年—234年）戰國時韓國公子，為人口吃，不能道說，善著書，與李斯俱事荀子，韓國削弱，以書諫韓王，不用，作〈孤憤〉、〈五蠹〉、〈內外諸說〉、〈說林〉、〈說難〉等，後秦王讀其書，欲見其人，急攻韓，韓國遣韓非使秦，才高為李斯妒謗，不能自辯，遂為所害。學說俱見《韓非子》一書中，《史記・老莊申韓列傳》稱「喜刑名法術之學，而其歸本於黃老」，以法、術、勢為思想核心，是先秦法家重要代表人物。

　　《韓非子》一書具現法家韓非之思想，《漢書・藝文志》載五十五篇，多為韓非所撰，少部分為後學所補。內容以治國務修明法制、執勢以御臣下、富國強兵以求人任賢為學說主體，充分發揮法家思想家申不害之「法治」、慎到之「勢治」，而集法家思想之大成，形成博大精深之刑名法術之學。

4　徒：學生。

5　鬥：爭鬥。

6　豨：豬。

7　猶有鬥：尚且有爭奪、爭鬥。

8　惡：怎麼。音同「烏」。

9　言則稱於湯文：言論大談成湯文王仁義之事。

10　行則譬于狗豨：行為與狗相鬥無異。

〈外儲說左上・畫鬼易〉

客有為齊王畫者，齊王問曰：「畫孰最難者？」曰：「犬馬最難。」「孰最易者？」曰：「鬼魅最易。」夫犬馬，人所知也，但暮[11]罄[12]於前，不可不類[13]之，故難。鬼魅，無形者，不罄於前，故易之也。

〈外儲說左上・新褲〉

鄭縣人卜子，使其妻為褲。其妻問曰：「今褲何如？」夫曰：「像吾故褲」妻因毀新[14]，令如故褲[15]。

〈外儲說左上・鄭人買履〉

鄭人有買履者，先自度[16]其足而置之坐，其至市，忘操之也，得履，乃曰：「吾忘度[17]。」乃歸取之，及反，市罷[18]，不得售。人曰：「何不試以足？」曰：「寧信度，無自信也。」

---

11 但暮：早晚。但，通「旦」，早上。
12 罄：出現。
13 不類：不像。
14 因毀新：因此毀損新褲。
15 令如故褲：使它像舊褲一樣破舊。
16 自度：自己尺量。
17 度：指計量長短的標準。
18 市罷：指市集結束。

〈內儲說下・妻禱〉

衛人有妻禱者，而祝曰：「使我無故，得百束布。」其夫曰：「何少也？」對曰：「益是[19]，子將以買妾。」

〈學不死之道〉

客有教燕王不為死之道者，王使人學之，所使學者未及學而客死，王大怒，誅之。王不知客之欺己，而誅學者之晚也。

《說林上・不死之藥》

有獻不死之藥于荊王者，謁者[20]操之以入，中射之士問曰：「可食乎？」，曰：「可。」因奪而食之。王大怒，使人殺中射之士，中射之士使入說王曰：「臣聞謁者曰可食，臣故食之，是臣無罪，罪而在謁者也，且客獻不死之藥，臣食之而王殺之，是死藥也，是客欺王也。夫殺無罪之臣而明人之欺王也，不如釋臣。」王乃不殺。

四、列禦寇・《列子》

列子，名禦寇，據錢穆考證，生於周貞定王五十九年（西元前450年），卒於周烈王元年（西元前375年），為道家代表人物之

---

[19] 益是：意謂增加束布。益，增加；是，此，指束布。

[20] 謁者：通報、接待賓客的近侍。

一，長居鄭國，家貧、善射，主張「貴虛」，棄人間榮辱、貴賤，韓
人史疾曾向楚王大談列子學說。唐代開元天寶年間尊爲道教四大眞人
之一。

《列子》一書眞僞莫辨，西漢劉向編纂《列子書錄》八章，《漢
書・藝文志》亦載八篇，迄晉朝張湛始有《列子注》，爲今日通行
本，內容雜揉先秦楊朱學說、古代神話及兩晉之佛教思想，以崇尚黃
老，兼善各家學說爲主。

〈想心更微〉

燕人生于燕，長于楚[21]，及老而還本國，過晉國，同行者
誑之指城曰：「此燕國之城」其人愀然變容[22]；指社曰：
「此若[23]里之社」，乃喟然而歎，指舍曰：「此若先人之
廬，乃泫然而泣[24]」；指壟[25]曰：「此若先人之冢。」其
人泣不自禁，同行者啞然大笑曰：「予昔紿若[26]，此晉國
耳，夫人大慚，及至燕國真見燕國之城、社；直見先人
之廬冢，想心更微。」

〈遺契〉

宋人有游于道，得人遺契[27]者，歸而藏之，密數其齒，告

---

[21] 長于楚：在楚國成長。

[22] 愀然變容：憂傷。

[23] 若：你。

[24] 泫然而泣：傷心地流淚哭泣。

[25] 壟：墳墓。壟，同壟。

[26] 紿若：欺騙你。

[27] 遺契：遺失的契約、合同。古時契約分成兩半，各持一半作爲憑證。

鄰人曰：「吾富待[28]矣。」

〈攫金〉

昔齊人有欲金者，清旦衣冠而之市[29]，適鬻金[30]者之所，因攫[31]其金而去，吏捕得之問曰：「人皆在焉，攫人之金何？」對曰：「取金之時，不見人，徒見金。」

五、呂不韋‧《呂氏春秋》

呂不韋，原爲衛國濮陽商人，攜金西入秦國咸陽，遊說華陽夫人立子楚爲子，後子楚即位爲秦莊襄王，任呂不韋爲相，三年，莊襄王薨，秦王嬴政立，尊呂不韋爲相國，曾助秦王滅衛，攻趙、魏，招賢納士，養食客三千人，編著《呂氏春秋》，後因「嫪毐之變」罷官流放。

《呂氏春秋》，亦稱《呂覽》，含十二紀、八覽、六論，凡一百六十篇，《漢書‧藝文志》列爲雜家，稱其「出於議官，兼儒、墨，合名、法」，乃呂不韋結合養士欲編成治國大書，遂雜揉諸子百家學說，作爲統御天下之書。

〈抽刀相啖〉

齊之好勇者，其一人居東郭，其一人居西郭，卒然[32]相

28　待：指日可待。

29　衣冠而之市：穿戴整齊到市集去。

30　鬻金：賣金子。

31　攫：搶奪。

32　卒然：忽然。卒，同猝。

遇於塗[33]，曰：「姑[34]相飲乎？」觴數行曰：「姑求肉乎？」一人曰：「子肉也，我肉也，尚胡革求肉為[35]？」于是具染[36]而已，因抽刀而相啖[37]至死。

〈引兒投江〉

有過于江上者，見人方引嬰兒而欲投之江中，嬰兒啼，人問其故，曰：「此其父善游。」其父雖善游，其子遽[38]善游哉？以此任物[39]，亦必悖[40]矣。

〈起死人〉

魯人有公孫綽者，告人曰：「我能起死人[41]。」人問其故？對曰：「我固[42]能治偏枯[43]，今我倍[44]所以為偏枯之藥，則可以起死人矣。」

---

33 相遇於塗：指不期而遇。塗，同途。

34 姑：姑且、暫且。

35 胡革求肉為：何必另外去弄肉呢？革，更。

36 具染：準備調味料。

37 啖：吃、食。

38 遽：忽然。

39 任物：指處理事情。

40 悖：違反、違背。

41 起死人：能將死人救回，意謂有起死回生之術。

42 固：本來、原來。

43 治偏枯：治療半身不遂。

44 倍：用藥加倍劑量。

六、左丘明·《左傳》

司馬遷《史記·十二諸侯年表》認為《左傳》作者為左丘明，其云：「魯君子左丘明，懼弟子人人異端，各安其意，失其眞，史因孔子史，具論其語，成《左氏春秋》」，而今人錢穆則考證作者為吳起，未知然否，存而不論。大抵作者應為戰國前期之史學家，熟稔各國史事。

《左傳》，又稱《春秋左氏傳》，或《左氏春秋》，以《春秋》為本，雜揉軼聞瑣事以補《春秋》簡略紀事之缺的編年史，是《春秋》三傳中最富文學價值者，具有敘事生動、結構完整、人物鮮明、文筆嚴整之特色。

〈襄公二十三年·抑君似鼠〉

齊侯將為臧紇田[45]。臧孫聞之見齊侯。與之言伐晉[46]，對曰：「多則多矣，抑君似鼠。夫鼠晝伏夜動，不穴于寢廟[47]，畏人故也。今君聞晉之亂而後作[48]焉，寧將事之[49]，非鼠何如？」乃弗與田[50]。

〈哀公二五年·食言〉

六月公至自越，季庚子、孟武伯逆于五梧[51]，郭重僕[52]，

45 為臧紇田：與之田邑。為，與也。
46 與之言伐晉：齊侯自道言伐之功。
47 寢廟：平常居室。意謂居室是人坐臥出入之處，所以老鼠不敢出入。
48 作：起兵。
49 寧將事之：言亂定也。
50 弗與田：臧孫知道齊侯將敗，不欲受其封邑，故以比鼠，激怒齊侯而止焉。
51 五梧：魯南郊區。
52 郭重僕：指郭重為哀公僕人。

見二子，曰：「惡言多矣，君請盡之[53]。」公宴于五梧，武伯為祝，惡郭重，曰：「何肥也？」季孫曰：「請飲彘也[54]！以魯國之密爾仇讎，臣是以不獲從君，克免于大行，又謂重也肥。」公曰：「是食言多矣，能無肥矣[55]。」飲酒不樂，公與大夫始有惡。

七、《戰國策》

作者未知何人，歷來聚訟紛紜，或稱成於西漢蒯通之手，或西漢末年劉向校定成篇，細考該書，應非成於一時一人之作，蒯通及劉向應是完成校定工作者。

《戰國策》又稱《國策》、《國事》、《短長》、《事語》等，迄劉向始定名為《戰國策》，並按十二國排列，共有三十三篇，以記錄戰國時期各國歷史事件為主，屬國別史之彙編。

〈主人〉

溫人之[56]周，周不納，客即對曰：「主人也[57]。」問其巷而不知也，吏因囚之，君使人問之，曰：「子非周人，而自謂非客[58]，何也？」對曰：「臣少而誦詩，詩曰：

---

[53] 君請盡之：意謂平日受二子惡言甚多，請盡言洩忿。

[54] 飲彘：喝罰酒。

[55] 食言多矣，能無肥乎：借彼言此，以激三桓之屢次食言。

[56] 之：前往。

[57] 主人也：我是這裡的主人。

[58] 子非周人，而自謂非客：你不是周人，為何自稱是主人。

『普天之下，莫非王土；率土之濱[59]，莫非王臣』，今周君天下，則我天子之臣，而又為客哉？故曰：主人。」君乃使吏出[60]之。

〈遇明君〉

秦王與中期爭論，不勝，秦王大怒，中期徐行而去。或為中期說秦王，曰：「悍人也，中期適遇明君[61]故也，向者[62]遇桀紂必殺之矣。」秦王因不罪[63]。

〈積怒日久〉

秦宣太后愛魏醜夫，太后病將死，出令曰：「為我葬，必以魏子為殉[64]。」魏子患之，庸芮為魏子說[65]太后，曰：「以死者有知乎？」太后曰：「無知也」曰：「若太后之神靈，明知死者之無知矣，何為空以生所愛，葬于無知之死人哉？若死者有知，先王積怒之日久矣。太后救過[66]不贍[67]，何暇乃私[68]魏醜夫乎？」

---

[59] 率土之濱：境域之內。

[60] 出：釋放。

[61] 明君：這裡指秦王。

[62] 向者：先前、以前。

[63] 不罪：不治罪。

[64] 為殉：作為陪葬品。

[65] 說：說服。

[66] 救過：贖過失。

[67] 不贍：不足。

[68] 私：偏愛、私愛。

〈因鬼見帝〉

蘇秦之楚三日，乃得見乎王，談卒，辭而行，王曰：
「寡人聞先生若聞古人，今先生乃不遠千里而臨寡人，
曾不肯留？願聞其說？」對曰：「楚國之食貴于玉，薪
貴于桂，謁者難得見，如鬼王難得見如天帝，今令臣食
玉炊桂因鬼見帝。」王曰：「先生就舍[69]寡人聞命矣。」

---

69 舍：同捨。

第三章

兩漢六朝時期

一、司馬遷‧《史記》

司馬遷（西元前145年—68年），字子長，夏陽（今陝西韓城）人，繼父遺志成太史令，曾為李陵辯解，下獄受腐刑，後發憤著述成《史記》一書，旨在「究天人之際，通古今之變，成一家之言」，開創紀傳體史書之典範，是我國偉大的史學家。

《史記》為漢代司馬遷所撰，凡一百三十篇，是我國第一部紀傳體的通史，上起黃帝，下訖漢武帝，體例有本紀、表、書、世家、列傳五種體裁，後世頌美為「史家之絕唱，無韻之離騷」。

〈高祖本紀‧賀錢萬〉

單父人呂公，善沛令，避仇，從之客，因家沛焉。沛中豪傑吏聞令有重客[1]，皆往賀。蕭何為主吏，主進，令諸大夫曰：「進不滿千錢，坐之堂下」，高祖為亭長，素易諸吏，乃紿[2]為謁[3]曰：「賀錢萬」，實不持一錢。

〈張儀列傳‧舌在足矣〉

張儀者，魏人也。始嘗與蘇秦俱事鬼谷先生學術，蘇秦自以不及張儀，張儀已學，游說諸侯。嘗從楚相飲，已而楚相亡璧[4]，門下意張儀[5]，曰：「儀貧無行，必此盜

1　重客：重要賓客。

2　紿：欺騙。

3　謁：此指書「賀錢萬」於刺上。書字於刺曰謁。

4　亡璧：遺失玉璧。

5　意張儀：懷疑張儀。

相君之璧。」共執張儀，掠笞[6]數百，不服，醳[7]之，其
妻曰：「嘻，子毋讀書游說，安得此辱乎？」張儀謂其
妻曰：「視我舌尚在不？」其妻笑曰：「舌在也」。儀
曰：「足矣」。

〈滑稽列傳・漆城蕩寇〉

始皇嘗議欲大苑囿[8]，東至函谷關，西至雍、陳倉。優旃[9]
曰：「善。多縱禽獸於其中，寇[10]從東方來，令麋鹿觸之
足矣。」始皇以故輟止[11]。二世立，又欲漆其城。優旃
曰：「善。主上雖無言，臣固將請之。漆城雖於百姓愁
費[12]，然佳哉！漆城蕩蕩[13]，寇來不能上。即欲就之，易
為漆耳，顧難為蔭室[14]。於是二世笑之，以其故止。

二、邯鄲淳・《笑林》

　　邯鄲淳，一名竺，字子叔（又作淑），魏陳留人，博學有才，善
八體六書，精究閑理，太祖博延英儒，聞其名，欲將淳置文學官屬

6　掠笞：鞭打。

7　醳：釋放。通「釋」。

8　大苑囿：擴大建造御花園。

9　優旃：秦俳優，侏儒，善用笑言諷諫君王。

10　寇：盜匪，或指外患。

11　以故輟止：因此停止建造御花園。

12　百姓愁費：百姓憂心耗費財力。

13　蕩蕩：廣大。

14　蔭室：地窟。

中，並遣淳詣曹植，及黃初以邯鄲淳為博士給事中，以專教皇子，又建三字石經於漢碑西。

《笑林》是中國第一本笑話專書，據《隋書經籍志·小說家》卷三題為邯鄲淳撰。該書今佚失不存，散見《太平御覽》、《太平廣記》、《藝文類聚》中，明人陳禹謨編《廣滑稽》三十六卷（四庫全書存目）輯有本書。清人馬國翰《玉函山房輯佚書》輯得二十六條。

《太平御覽·人事部一百三十七·文抄工》

桓帝時有人辟公府掾[15]者，倩人[16]做奏記文；人不能為作，因語曰：「梁國葛龔，先善為記文，自可寫用，不煩更作[17]。」遂從人言寫記文，不去葛龔姓，府公大驚，不答，而罷歸。故時人語曰：「作奏雖工，宜去葛龔。」

說明

嘲笑文抄工不知變通，連範本作者之名皆照抄上去。

《太平御覽·人事部一百四十·遣婦》

平原陶邱氏取渤海墨台氏女，女色甚美，才甚令，復相敬。已生一男而歸，母丁氏年老，進見女婿。女婿既歸而遣婦，婦臨去請罪，夫曰：「嚮[18]見夫人，年德已衰，

15　辟公府掾：徵召為政府文書官。

16　倩人：請人。

17　不煩更作：指抄襲舊作，不必重新再作。

18　嚮：同「向」，指早先、先前。

非昔日比。亦恐新婦老後，必復如此。是以遣[19]，實無他故。」

但知妻子會老，殊不知自己亦會老去。

《太平御覽‧飲食部十九‧和羹者》

人有和羹者，以杓嘗之，少鹽，便益之，後復嘗之向杓中者，故云：「鹽不足。」如此數益[20]升許鹽，故不鹹，因以為怪。

不知變通者，但從杓上嘗味，不知從湯內試味道。

《太平御覽‧飲食部二十一‧銜肉不失》

甲賣肉，過人都廁，挂肉著外。乙偷之，未得去，甲出覓肉，因詐便，口銜肉云：「挂著外門，何得不失？若如我銜肉著口[21]，豈有失理？」

《太平御覽‧蟲豸部三‧以葉自障》

楚人貧居，讀淮南方「得螳螂伺蟬自障葉，可以隱形。」遂于樹下仰取葉——螳螂執葉伺蟬——以摘之，

19　遣：送歸。

20　數益：屢次增加。

21　銜肉著口：口中銜肉。

葉落樹下；樹下先有落葉，不能復分別，掃取數斗歸，一一以葉自障，問其妻曰：「汝見我不？」妻始時恆答言「見。」經日乃厭不堪，始云「不見。」嘿然[22]不喜，齎葉[23]入市，對面取人物[24]，吏遂縛詣縣[25]。縣官受辭，自說本末，官大笑，放而不治[26]。

說明

以葉自障，豈不似掩耳盜鈴者？人不自見，豈他人不見己？

《太平廣記‧吝嗇‧傾家贍君》

漢世有老人，年老無子，家富，性儉嗇。惡衣蔬食，侵晨而起，侵夜而息；營理產業，聚斂無厭，而不敢自用。或人從之求丐者，不得已而入內，取錢十，自堂而出，隨步輒減，比至于外，才餘半在，閉目以授乞者。尋復囑云：「我傾家贍君[27]，慎勿他說，復相效而來。」老人俄死[28]，田宅沒官，貨財充於內帑[29]矣。

22　嘿然：嘿，同默；指默然不說話。

23　齎葉：以葉自蔽。

24　對面取人物：當著別人的面拿物品。

25　縛詣縣：綑綁前往晉見縣官。

26　不治：不處理、不治罪。

27　傾家贍君：傾全家之財力幫助你。

28　俄死：不久就死了。

29　貨財充於內帑：家產盡數充公，歸為府庫所有。

說明

儉嗇成性，死後家產充公，焉能享有。

《太平廣記・嗤鄙・踏床嚙鼻》

甲與乙鬥爭，甲嚙下乙鼻，官吏欲斷之，甲稱乙自嚙[30]落，吏曰：「夫人鼻高耳口低，豈能就嚙之乎？」甲曰：「他踏床子就嚙之。」

說明

如何踏床嚙鼻，說謊者不知自圓其說。

《太平廣記・嗤鄙・魯人執竿》

魯有執長竿入城門者，初豎執之，不可入，橫執之，亦不可入，計無所出；俄有老父至曰：「吾非聖人，但見事多矣。何不以鋸中截而入。」遂依而截之。

說明

老父自以為見多識廣，反而誤人鋸竿。世之自以為博達之士，豈不如此？

《太平廣記・禽鳥・楚雞》

楚人有擔山雞者，路人問曰：「何鳥也？」擔者欺之曰：「鳳凰也。」路人曰：「我聞有鳳凰久矣，今真見

30　嚙：同齧，咬。

之。汝賣之乎？」曰：「然。」乃酬千金，弗與；請加倍，乃與之。方將獻楚王，經宿而鳥死。路人不遑惜其金，惟恨不得以獻耳。國人傳之，咸以為真鳳而貴，宜欲獻之，遂聞于楚王。王感其欲獻己也，召而厚賜之，過買鳳之直十倍[31]矣。

> 說明

不辨鳳凰者，被誆猶且不知；而國人卻以訛傳訛，國王亦不查其是非。

三、劉義慶・《世說新語》

劉義慶（403年—444年）字季伯，彭城人（今江蘇徐州），為南朝劉宋宗室，襲封臨川王，曾任荊州刺史，在政八年頗有佳績，後歷任江刺史、南京刺史、都督和開府儀同三司等職。劉氏熱愛文學，曾募文士編纂《世說新語》，另有志怪小說《幽明錄》等。

《世說新語》，南北朝（420—581）的志人小說，為劉義慶招募文士編寫而成，內容專載魏晉時期名人、逸士之言談軼事。原書共八卷，劉孝標注本分為十卷，今傳本為三卷，分為三十六門類。

〈言語第二・無此不明〉

徐孺子年九歲，嘗月下戲人，人語之曰：「若令月中無物，當極明邪！」徐曰：「不然，譬如人眼中有瞳子，無此必不明。」

31　過買鳳之直十倍：指賞賜的金錢比買鳳凰的錢十倍還多。直，通「值」，價值。

〈言語第二・汗不得出〉

鍾毓、鍾會少有令譽，年十三，魏文帝聞之，語其父鍾繇曰：「可令二子來。」於是敕見。毓面有汗，帝曰：「卿面何以汗？」毓對曰：「戰戰惶惶，汗出如漿。」，復問會：「卿何以不汗？」對曰：「戰戰慄慄，汗不得出。」

〈言語第二・偷本非禮〉

鍾毓兄弟小時，值父晝寢，因共偷服藥酒，其父時覺，且託寐以觀之。毓拜而後飲，會飲而不拜，既而，問毓何以拜？毓曰：「酒以成禮，不敢不拜。」又問會：「何以不拜？」會曰：「偷酒本非禮，所以不拜。」

〈言語第二・如游蓬戶〉

竺法深在簡文坐，劉尹問道人：「何以游朱門？」答曰：「君自見其朱門[32]，貧道如游蓬戶[33]。」

〈言語第二・卿字仲思〉

諸葛靚在吳，於朝堂大會，孫皓問：「卿字仲思，為何所思？」對曰：「在家思孝，事君思忠，朋友思信，如斯而已。」

---

[32] 朱門：借指富貴人家。

[33] 蓬戶：借指平常人家。

〈文學第四‧逢彼之怒〉

鄭玄家奴婢皆讀書。嘗使一婢，不稱旨[34]，將撻[35]之，方自陳說；玄怒，使人曳著泥中。須臾，復有一婢來，問曰：「胡為乎泥中？」答曰：「薄言往愬[36]，逢彼之怒。」

〈文學第四‧夢臭腐糞土〉

人有問殷中軍：「何以將得位而夢棺器？將得財而夢尿穢？」殷曰：「官本是臭腐，所以將得而夢棺屍；財本是糞土，所以將得而夢穢汙。」時人以為名通[37]。

〈排調第二十五‧曬書〉

郝隆七月七日，出日中仰臥。人問其故？答曰：「我曬書。」

〈排調第二十五‧腹中無物〉

王丞相枕周伯仁膝，指其腹曰：「卿此中何所有？」答曰：「此中空洞無物，然足容卿輩數百人。」康僧淵目深而鼻高，王丞相每調之。僧淵曰：「鼻者面之山，目者面之淵；山不高則不靈，淵不深則不清。」

---

34 不稱旨：不合意。

35 撻：鞭打。

36 薄言往愬，逢彼之怒：借《詩經‧邶風》‧〈柏舟〉來說明自己的處境，適逢主人盛怒。

37 名通：名言。

張吳興年八歲虧齒，先達知其不常[38]，故戲之曰：「君口中何為開狗竇[39]？」張應聲答曰：「正使君輩從此中出入！」

四、侯白．《啓顏錄》

侯白（581年前後），字君素，隋初魏郡人，文帝時於秘書修國史。博學敏才、性諧善辯，好誹諧雜說，有《旌異記》十五卷傳世。

據楊家駱考證，《啓顏錄》有敦煌卷本四卷、輯太平廣記本一卷、類說本一卷、續百川學海本一卷、廣滑稽本一卷、捧腹編本一卷，凡有六種，其中內容互異，然亦有重複者，可知《啓顏錄》或由侯白首撰，經後代續、增、刪、寫，遂有異本。《啓顏錄》內容有些是記錄侯白的生平經歷趣聞，有些是蒐集軼事，亦有從典籍中改寫者。

〈辯捷〉

齊徐之才有學辨捷，又善醫術。尚書王元景罵之才為師公[40]，之才應聲答曰：「既為汝師，復為汝公，在三之義，頓居其兩。」

---

[38] 不常：不是普通人。

[39] 狗竇：狗洞。

[40] 師公：原指道士或男巫，此為罵人之話。

〈健忘者〉

鄠縣有一人多忘，將斧向田斫柴，並婦相隨。至田中遂急便轉，因放斧地上，旁便轉訖，忽起見斧，大歡喜云：「得一斧。」仍作舞跳躍，遂即自踏著大便處，乃云：「只應是有人因大便遺卻此斧。」其妻見其昏忘，乃語之云：「向者君自將斧斫柴，為欲大便，放斧地上，何因遂即忘卻？」此人又熟看其妻面，乃云：「娘子何姓，不知何處記識此娘子？」

說明

出門即忘，連妻子都忘，果真是健忘。

〈姓王姓馬〉

隋朝有一人姓馬，一人姓王，二嘗聚宴談笑，姓馬者遂嘲王字曰：「王是你，元來本性二，為你漫走來，將丁釘你鼻。」姓王者即嘲馬字曰：「馬是你，元來本姓匡，拗你尾子東北出，背上負王郎」遂一時大笑。

〈太平廣記・卷二五三・劉道眞〉

晉劉道真遭亂，于河側為人牽船，見一老嫗操櫓，道真嘲之曰：「女子何不調機弄杼？因甚傍河操櫓？」女答曰：「丈夫何不跨馬揮鞭？因何傍河牽船？」又嘗與人共飯素盤草舍中，見一嫗將兩小兒過，並著青衣，嘲之曰：「青羊引雙羔。」婦人曰：「兩豬共一槽。」道真無語以對。

〈高坐誦詩〉

唐有僧法軌，形貌短小，于寺開講。李榮往共議論。僧于高坐誦詩曰：「姓李應須李，名榮又不榮。」應聲曰：「身材三尺半，頭毛猶未生[41]。」

〈卷耳〉[42]

唐書慶本女選為妃，詣朝坐欲謝。慶本兩耳毛卷，朝士多目為卷耳。長安令松壽賀曰：僕固知令女得妃。」慶本曰：「何以知之？」松曰：「卷耳，后妃之德。」

---

[41] 頭毛猶末生：譏其為僧，禿頭無毛。

[42] 卷耳：《詩經・國風・召南》有〈卷耳〉篇，朱熹《詩經集傳》言〈卷耳〉篇是后妃自作，可見其貞靜專一之至。松壽以后妃之德扣合慶本之女兒為妃。

第四章

唐宋時期

一、朱揆·《諧噱錄》

朱揆，生平不詳。

《諧噱錄》為唐代朱揆所編纂，原有四十三則，今本《雪濤諧史》選錄三十九則，題作朱揆撰，《說郛》本收四十三則，題作唐劉訥言撰，乃因劉訥言另有《俳諧集》十五卷。據楊家駱所言，應為朱揆所編。

〈戲撲〉

唐道士程子宵，登華山上方，偶有顛撲[1]，郎中宇文翰致書戲之曰：「不知上得不得，且怪懸之又懸。」

〈就溺〉

顧愷之痴信小術，桓玄嘗以柳葉給[2]之，曰：「此蟬翳葉也，以自蔽，人不見己。」愷之引葉自蔽，玄就溺[3]焉。愷之信其不見己，以珍重之。

〈鄧艾口吃〉

鄧艾口吃，語稱鄧艾。晉文王戲之曰：「艾艾為是幾艾？」對曰：「鳳兮鳳兮，故是一鳳。」

> 說明

因口吃而被嘲笑，鄧艾，卻能以幽默化解難堪。

---

1 顛撲：跌倒。

2 給：欺騙。

3 就溺：指桓玄故意裝作未見，靠近顧愷之溺尿。

〈漸至佳境〉

顧長康噉甘蔗，先食尾。人問所以，云：「漸至佳境。」

〈食鹽醋〉

盧相邁不食鹽醋，同列問之：「足下不食鹽醋，何堪？」笑曰：「足下終日食鹽醋，復又何堪。」

〈阿婆舞〉

鄭修出妓以宴趙紳，而舞者年已長，伶人孫子多獻口號云：「相公經文復經武，常侍好今兼古，昔日曾聞阿武歌，今日親見阿婆舞。」

〈劫墓賊〉

廖凝覽裴説〈經杜工部墓詩〉曰：「擬鑿孤墳破，重教大雅生。」笑曰：「裴説劫墓賊耳。」

〈奉佛〉

二郗奉道，二何奉佛，皆以財賄。謝中郎云：「二郗諂于道，二何佞於佛。」

〈堯典〉

有人將虞永興手寫尚書典錢。李尚書選曰：「經書那可典[4]？」其人曰：「前已是堯典、舜典。」

說明

　　〈堯典〉、〈舜典〉原是典籍名稱，此處故意以諧音轉義方式製造笑果。

二、題爲蘇軾撰、明陳繼儒、李日華校‧《問答錄》

　　蘇東坡（1037年—1101年），字子瞻，號東坡居士，宋代四川眉山人，擅詩、詞、文、賦及書法、繪畫等藝術，爲唐宋古文八大家之一，是我國傑出的文學家，也是偉大的藝術家。東坡曾因烏臺詩案繫獄，一生困頓流離，凡有九遷，曾謫遷黃州、惠州（今廣東）、儋州（今海南島）等地，仍著作不輟，影響後世甚鉅。

　　題爲蘇軾撰的《問答錄》（又作東坡問答錄）輯入《四庫全書》，全書凡二十七題，是山西祁縣圖書館藏，明代萬曆繡水沈氏刻本、寶顏堂祕及本，前有陳眉公訂正，文末書有李日華及陳繼儒校訂等詞，然而《四庫題要》則揭示該書「詞意鄙陋，亦出委巷小人之所爲，僞書中之至劣者也」。無論是否詞意鄙陋，《問答錄》之前有趙開美題辭云：「東坡以世法遊戲佛法，佛印以佛法遊戲世法，二公心本無法，故不爲法縛，而詼諧謔浪不以順逆爲利鈍，直是滑稽之雄也，彼優髡視之失所據矣，刻東坡佛印問答錄。」是知《問答錄》是記錄東坡與佛印的問答。然而〈的對〉有「東坡之妹，少游之妻也」之句，知非東坡所作，而託名爲東坡。有關東坡的笑話故事，大多以他和和尚佛印爲主的故事。

〈納佛印令〉

　　東坡與佛印同飲，佛印曰：「敢出一令，望納之：不慳不富[5]，不富不慳[6]，轉慳轉富，慳則富，富則慳。」東

5　不慳不富：不吝嗇就不會富有。

6　不富不慳：窮人不吝嗇，意即是富有的人必定吝嗇。

坡見有譏諷，即答曰：「不毒不禿[7]，不禿不毒，轉毒轉
禿，轉禿轉毒，毒則禿，禿則毒。」

〈與佛印商謎〉

東坡即拾一片紙，畫一和尚，右手把一柄扇，左手把長
柄笊籬[8]，與佛印云：可商此謎。佛印沈吟良久：「莫
是關雎序中之語歟。」東坡曰：「何謂也？」佛印曰：
「風以動之，教以化之，非此意乎？」東坡曰：「吾師
本事也。」相與大笑而已。

三、題爲蘇軾語・瑯琊王世貞編・《調謔編》

　　王世貞（1526年—1590年）字元美，號鳳洲、弇州山人，明
太倉（江蘇）人。生於明世宗嘉靖五年，卒於神宗萬曆十八年，
年六十五歲，爲嘉靖二十六年進士，任刑部主事時曾被嚴嵩構罪繫
獄，後累官到刑部尙書。世貞學富才高，是明代復古運動「後七
子」之領袖。晚年始主平淡，以文學及戲曲理論著名於世，有《弇
州山人四部槁》一百七十四卷、續稿二百零七卷、《讀書後》八卷
等。

　　明代王世貞蒐編蘇軾之言行成《調謔編》。收入王世貞所編之
《蘇長公外紀》。

7　不毒不禿：做事不狠毒的人，必定不禿頭（指和尚），意謂禿頭者必定行事狠毒。東坡以此
　　嘲佛印。

8　笊籬：用竹篾編成的杓形漉器。

〈三分詩〉

秦少章嘗云:「郭公甫過杭州,出詩一軸示東坡,先自吟誦,聲振左右,既罷,謂坡曰:『祥正此詩幾分?』坡曰:『十分。』祥正喜,問之,坡曰:『七分來是讀,三分來是詩,豈不是十分耶?』」

說明

嘲所作之詩只有三分似詩。

〈酸餡氣〉

子瞻贈惠通詩云:「語帶煙霞從古少,氣含蔬筍到公無。」嘗語人曰:「頗解蔬筍語否?」為無酸餡氣也。」聞者皆笑。

〈吾從眾〉

坡公在維揚,一日設客,十餘人皆名士。米元章亦在坐,酒半,元章忽起自贊曰:「世人皆以芾為顛,願質[9]之子瞻。」公笑曰:「吾從眾。」

〈不合時宜〉

東坡一日退朝,食罷,捫腹徐行,顧謂侍兒曰:「汝輩且道,是中何物?」一婢遽曰:「都是文章。」坡不以為然。又一人曰:「滿腹都是機械。」坡亦未以為當。

---

9 質:問。

至朝雲，乃曰：「朝士一肚皮不合時宜。」坡捧腹大笑。

〈洗兒戲作〉

〈洗兒戲作〉云：「人皆養子望聰明，我被聰明誤一生；惟願孩兒愚且魯，無災無難到公卿。」

四、題爲蘇軾撰・《艾子雜說》

蘇軾（1036年—1101年）同前。

《艾子雜說》題爲蘇軾所作，後人多疑之。陳振孫《直齋書錄解題》已著錄該書，是知爲明前作品。明代刊印之《艾子雜說》每條之下，各立條目，本書採《顧氏文房小說》世界書局之版本較能窺全貌。條目之名，爲編者所加。

〈三藏可活〉

艾子好飲，少醒日。門生相與謀曰：「此不可以諫止，唯以險事怵之，宜可誡。」一日，大飲而噦。門人密抽彘腸致噦中，持以示曰：「凡人具五臟方能活，今公因飲而出一臟，止四臟矣，何以生耶？」艾子熟視而笑曰：「唐三藏猶可活，況有四耶！」

〈明年同歲〉

艾子行出邯鄲道上，見二嫗相與讓路。一曰：「嫗幾歲？」曰：「七十。」問者曰：「我今年六十九，然明年當與爾同歲矣。」

〈持燭〉

艾子一夕疾呼一人鑽火。久不至,艾子呼促之,門人曰:「夜暗,索鑽具不得。」謂先生曰:「可持燭來,共索之矣。」艾子曰:「非我之門,無是客也。」

〈問米從何來〉

齊有富人,家累千金,其二子甚愚。其父又不教之。一日,艾子謂其父曰:「君之子雖美,而不通世務,他日曷能克其家?」父怒曰:「吾子敏而且恃多能,豈有不通世務耶?艾子曰:「不須試之他,但問君之子所食者,米從何來。若知之,吾當妄言之罪。」父遂呼其子問之,其子嘻然笑曰:「吾豈不知此也,每以布囊取來。」其父愀然而改容曰:「子之愚甚,彼米不是田中來?艾子曰:「非其父,不生其子!」

〈鬼怕惡人〉

艾子行水塗,見一廟矮小,而裝飾甚嚴。前有一小溝,有人行至水,不可涉,顧廟中,而輒取大王像,橫於溝上,履之而去。復有一人至,見之再三嘆之曰:「神像直有如此褻慢!乃自扶起,以衣拂飾,捧至坐上,再拜而去。」須臾,艾子聞廟中小鬼曰:「大王居此為神,享里人祭祀,反為愚民之辱。何不施禍患以譴之?」王曰:「然則,禍當行於後來者。」小鬼又曰:「前人以履大王,辱莫甚焉,而不行禍,後來之人,敬大王者,反禍之,何也?」王曰:「前人已不信矣,又安敢禍之!」艾子曰:「真是鬼怕惡人也!」

〈肉食者智〉

艾子之鄰，皆齊之鄙人也，聞一人相謂曰：「吾與齊之公卿，皆人，而稟三才之靈者，何彼有智我無智？一曰：「彼日食肉，所以有智，我平日食麤糲[10]，故少智也。」其問者曰：「吾適有糶[11]粟錢數千，姑與汝日食肉試之。」數日，復又聞彼二人相謂曰：「吾自食肉後，心識明達，觸事有智，不徒有智，又能窮理。」其一曰：「吾觀人腳面前出甚便，若後出，豈不為繼來者所踐？」其一曰：「吾亦見人鼻竅向下甚利，若向上，豈不為天雨注之乎？二人相稱其智。艾子嘆曰：「肉食者其知若此！」

五、范正敏‧《遯齋閑覽‧諧噱》

范正敏，宋人，曾任福建長溪縣令。生平未詳。

宋人范正敏有《遯齋閑覽》十四卷十門，其中有〈嗜噱〉一門，臺灣印書館景印涵芬樓之明抄本《說郛》有八則。另有《類說》本。

〈雁詩〉

李漢英秀才與昆弟同游娼館，題壁而去。有滑稽子書昔人〈雁詩〉于其旁曰：「兩行何處鬧文字，一隊誰家好兄弟。」

---

10 麤糲：粗米飯。

11 糶：賣出穀物。糶，音同「跳」。

〈千歲何益〉

蒲傳正知杭州，有術士請見，年逾九十，有嬰兒之色，公訪以長年之術，答曰：「某術甚簡而易行，惟絕色欲[12]耳。」公曰：「若然，則雖千歲何益[13]？」

〈皤然公婆〉

有一郎官年老，置婢妾數人。鬢白，令妻妾互鑷之。妻忌其少，為群婢所悅，乃去其黑者；妾欲其少，乃去白者。未幾，頤領遂空。又進士李居仁盡摘白髮，其友驚曰：「昔日皤然一翁，今則公然一婆矣。」

〈月夜招鄰〉

許義方之妻以端潔自許。義方嘗出，經年始歸，妻曰：「自君之出，惟閉門自守。」義方咨嘆，問何以自娛，答曰：「時作小詩以適情耳。」義方欣然取詩觀之，首篇題云：「〈月夜招鄰僧閒話〉」。

〈嬌婿〉

今人于榜下擇婿，號嬌婿[14]。其語蓋本諸袁山松，尤無義理。其間或有意不願就，而為貴勢豪族擁逼不得辭者。有一新貴少年，有風姿，為貴族之有勢力者所慕，命十

---

[12] 絕色欲：斷絕女色。

[13] 千歲何益：意謂斷絕女色，雖活千歲有何樂趣？

[14] 嬌婿：古稱皇帝女婿，後通稱科舉榜下所擇之婿。

數僕擁致其第。少年欣然而行，略不辭遜。既至，觀者
如堵。須臾，有衣金紫者出曰：「某惟一女，亦不至醜
陋，願配君子，可乎？」少年鞠躬謝曰：「寒微得托跡
高門，故幸，待更歸家，試與妻子商量如何？」眾皆大
笑而散。

說明

若回家與妻子商量，表示早有婚配，何需再擇為女婿？

〈作詩圖對偶親切〉

魏達可朝奉，喜為謔談，嘗云：「李廷彥獻百韻詩于一
上官，其間有句云：『舍弟江南歿，家兄塞北亡。』上
官肅然哀之曰：『不意君家兇禍重並如是！』廷彥遽起
自解曰：『實無此事，只圖屬對[15]親切耳。』」

說明

為求對仗工整，不避諱兄弟皆亡故。

六、周文玘・《開顏錄》

　　周文玘（1126年前後在世），生平不詳，約在兩宋間官試秘書
省校書郎，集有諧趣之《開顏集》二卷傳世。

　　《四庫全書總目提要》卷一百四十四，子部小說家類存目二云：
「《開顏集》二卷，宋周文玘撰。文玘嘗官試秘書省校書郎，其里籍
未詳。」今考索四庫本，前有周文玘自序云：『《笑林》所載皆事非

15　屬對：指作詩之對仗、對偶。

稽古，語多猥俗，博覽之士，鄙而不看，蓋無取也，余於書史內鈔出
資談笑事，合成兩卷，因名之曰：《開顏集》』」。又，《說郛》卷
六十五題：「《開顏錄》一卷，宋周文玘，試秘書省校書郎。」今
《說郛》僅錄一卷《開顏集》凡五則。四庫全書本之《開顏集》二
卷，凡七十事，見於史書，並標示出自何書，因多與各書重出，故本
書不多舉例，且因其例標出處。

《風俗通・齊人女》

齊人有女，二家求之，東家子醜而富；西家子好而貧，
父莫知所與，又難指斥。謂女曰：「汝宜偏袒，令吾知
之。」女便兩袒，母問其故，答云：「欲得東家食而西
家宿。」

《南史・何尚之》

尚書令何尚之與太常顏延之，少相好狎，二人並短小，
尚之嘗謂延之為猿，延之目尚之為猴。同遊太子西池，
延之問路人曰：「吾二人誰似猿？」路人指尚之為似。
延之喜笑，路人曰：「彼似猿耳，君乃真猴。」二人俱
大笑之。

《北史・崔光》

後魏高祖之子，名皆恂、愉、悅；崔光之子名皆勵、
勗、勘、勉。高祖曰：「朕兒旁有心，卿兒旁有力。」
答曰：「所謂君子勞心，小人勞力。」

七、天和子‧《善謔集》

寶萃，號天和子，明人，生平未詳。

據楊家駱指出，明代焦竑《國史經籍志》卷四下小說家著錄宋寶萃善謔集一卷，知天和子為寶萃之別號，清《說郛》卷六十五錄七則，明刊本陳禹謨《廣滑稽》卷二十五錄二則，知《善謔集》散在各書中。

〈淫具〉

三國時，先主在蜀，嚴酒禁，凡有釀具者皆殺。一日，簡雍侍先主登樓，見一少年與婦人同行，白先主曰：「彼將行奸，何不執之。」先主曰：「何以知之？」曰：「彼有淫具[16]，何故不知？」先主悟其旨，大笑，乃緩酒禁。

説明

以人皆有生殖器官是否皆有淫念，來迂曲表示有釀具是否皆欲釀酒？以釋酒禁之令。

〈目眇〉

梁元帝一目眇[17]，為湘東王時，嘗登宮樓以望，其侍臣曰：「今日所謂：『帝子降兮北渚』，帝疑其戲之」答曰：「卿道『目眇眇[18]兮愁予』耶！」

---

16 淫具：指生殖器官。

17 一目眇：偏盲，指一眼瞎。

18 眇眇：深遠的樣子。

〈好酒〉

晉劉伶好酒,人或喻以釀具先朽,明酒非保生之具。答曰:「君不見肉得酒而更久耶?」

八、佚名・《籍川笑林》

《類說》卷四十九載《籍川笑林》十則,不著撰者。

〈不敢說〉

五代時馮瀛王門客講《道德經》首章,有「道可道,非常道」。門客見「道」字是馮名,乃曰:「不敢說,可不敢說,非常不敢說。」

〈佔便宜〉

有人說話,好佔便宜,嘗曰:「我被蓋汝被,汝氈舖我氈。汝若有錢相共使,我若無錢使你錢。上山時汝扶我腳,下山時我扶汝肩。定知我死在汝後,多應汝死在我前。」

說明

有錢我用,有難你當,生死存亡之際且死在我前,不愧是一位佔盡別人便宜之人。

〈酒令〉

有儒、道、釋、吏同酒席，行令，取句語首尾字一同。
儒者曰：「上以風化下，下以風刺上。」道士曰：「道
可道，非常道。」釋曰：「色即是空，空即是空。」吏
曰：「牒件上，如前謹牒。」

〈火燒裳尾〉

有人性寬緩，冬日共人圍爐，見人裳尾為火所燒，乃
曰：「有一事，見之已久，欲言之，恐君性急，不言，
恐君傷太多，然則言之是耶？不言之是耶？」人問何
事，曰：「火燒君裳。」遂收衣火滅，大怒曰：「見久
之，何不早道？」其人曰：「我言君性急，果是。」

説明

　　事有緩急輕重，不辨緩急，還怪對方性子太急，迂人也。

九、呂本中‧《軒渠錄》

　　呂本中（1119前後在世），字居仁，壽州（安徽壽縣）人，
約宋徽宗宣和初前後在世，以蔭補承務郎，累遷中書舍人，兼直學
士院，學者稱東萊先生，著有《東萊詩集》、《春秋解》、《童蒙
訓》、《師友淵源錄》、《紫微詩話》等。
　　《軒渠錄》為南宋呂本中所編寫，以纂集宋人笑話為主，內容共
一卷十三則，《說郛》卷七有錄。

〈吃冷菜〉

強淵明字隱李，除帥長安。蔡云：「公今吃冷菜去也。」強不曉不敢發問。親識間有熟知長安風物者，因以此語訪之。乃笑曰：「長安妓女，步武[19]極小，行皆遲緩，故有吃冷菜之戲。」

〈去塵〉

米元章喜潔。金陵人段拂字去塵，登第，元章見其小錄，喜曰：「觀此名字，必潔人也。」亟遣議親，以女妻之。

〈看游人〉

司馬溫公在洛陽閑居，時上元節，夫人欲出看燈，公曰「家中點燈，何必出看」夫人曰：「兼欲看游人。」公曰：「某[20]是鬼耶？」

---

[19] 步武：指步伐很小，行動遲緩。

[20] 某：指司馬光自己。

第五章

元明時期

一、元懷‧《拊掌錄》

　　元懷，號輾子，為宋入元之文人，生平不詳。

　　《拊掌錄》之編寫者舊說有二，一為宋人邢居實，一為宋人元懷。江盈科《雪濤諧史》稱為「宋邢居實撰，陶宗儀輯」，而四庫全書總目提要小說類存目二則辨證為宋人元懷所撰，題要云：「舊本題為元人撰，不著名氏，後有至正丙戌華亭孫道明跋，亦不言作者為誰。《說郛》載此書，題為宋元懷，前有自序，稱延祐改元立春日輾然子書。蓋元懷自號也。」，《說郛》本亦稱為輾然子所作。楊家駱則以為是宋人邢居實所撰，今《四庫全書總目提要》144卷小說家類存目二著錄該書。究竟何人為是？據《拊掌錄》前面自序言：「東萊呂居仁先生作《軒渠錄》，皆紀一時可笑之士。余觀諸家雜說中，亦多有類是者，暇日裒成一集，目之曰《拊掌錄》，不獨資開卷之一笑，亦足以補軒渠之遺也。延祐改元立春日，輾然子書」。若自序是正確的，非後人妄寫，則《拊掌錄》是據《軒渠錄》而作，作者為輾然子，必然無誤。今《古今說海》、《學海類編》、《說郛》錄《拊掌錄》皆一卷二十三條。百部叢書輯《古今說海》之《拊掌錄》補前人未備者，凡得三十三條，並據《說郛》卷三十二補《拊掌錄補》得十二條。

〈長壽〉

　　王溥五代狀元，相周高祖世宗，至宋以宮師罷相。其父祚為周觀察使，致仕。祚居富貴久，奉養奢侈，所不足者，未知年壽耳。一日居洛陽里第，聞有卜者，令人呼之，乃瞽者也。密問老兵云：「何人呼我？」答曰：「王相公父也，貴極富溢，所不知者壽也。今以告汝，俟出，當厚以卦錢相酬也。」既見祚，令布卦成，推命，大驚，曰：「此命惟有壽也！」祚喜，問曰，

「能至七十否？」瞽曰：「更向上。」答以「至八九十否？」又大笑曰：「更向上。」答曰：「能至百歲乎？」又嘆息曰：「此命至少亦須一百三四十歲也」祚大喜曰：「其間莫有疾病否？」曰：「並無之。」其人又細數之，曰：「俱無，只是近一百二十歲之年，春夏間微苦臟腑，尋便安愈矣。」祚大喜，回顧子孫在後侍立者曰：「孫兒懑切記之，是年且莫教我吃冷湯水。」

<u>說明</u>

　死生有命，人壽有限，壽至百歲，尚未知足也，焉知活至一百二十歲而子孫猶侍立於側？

〈攀親帶故〉

有一故相遠派，在姑蘇嬉游，書其壁曰：「大丞相再從侄某嘗游。」有士人李璋，素好訕謔，題其旁曰：「混元皇帝三十七代孫李璋繼至。」

〈禍延過客〉

有一士人赴宴，眾中有少年勇于色[1]，甫就席，士人以服辭[2]，乃命撤樂及屏去群妓。後勸酬及少年，少年罪士人曰：「敗一席之歡皆君也，正所謂不自殞滅，禍延過客[3]耶？」賓主為之哄堂。

---

[1] 勇于色：指非常喜歡聲色之宴樂。

[2] 服辭：指服喪期間，拒辭宴樂。

[3] 禍延過客：因一人有喪，而眾人不得享宴會歌舞之樂。

〈懼內〉

安鴻漸有滑稽清才，而復懼內。婦翁死，哭於路，其孺人性素嚴，呼入總幕中詰之曰：「路哭何因無淚？」漸曰：「以帕拭乾。」妻嚴戒曰：「來日早臨棺，須見淚。」漸曰：「唯。」計既窘，來日已寬巾納濕紙置于額，大叩其顙而慟；慟罷，其妻又呼入窺之，妻驚，曰：「淚出於眼，何故額流？」漸對曰：「豈不聞自古云水出高原？」聞者大笑。

説明

丈人死，哭而無淚，因懼妻，而以濕巾置於額頭，妻疑而問之，乃妙答水出高原，宜乎淚出額頭。

〈何不早問〉

張丞相好草聖而不工，流輩皆譏笑之，丞相自若也。一日，得句，索筆絕書，滿紙龍蛇飛動，使其侄錄之，當波險處，侄罔然而止，執所書問曰：「此何字？」丞相熟視久之，亦自不識，詬其侄曰：「胡不早問，致我忘之？」

〈石學士〉

石曼卿隱于於酒，謫仙之才也。然善戲，嘗出游報寧寺，馭者失控，馬驚，曼卿墮馬，從吏遽扶掖升鞍。市人聚觀，意其必大詬怒。曼卿徐著鞭謂馭者曰：「賴我是石學士也，若瓦學士，豈不破碎乎？」

二、陳元靚‧《事林廣記》

陳元靚（1225—1264），生平不詳。

《事林廣記》舊題陳元靚撰，今本不見，據鄭氏積誠堂刊本有《纂圖增新群書類要事林廣記》，增新者不知何人。《事林廣記》辛集下卷〈風月笑林〉載有〈滑稽笑話〉、〈嘲戲綺談〉凡五十餘則。

〈嘲客久住〉

有客到人家久住不去，主人厭之。一日，引客至門前閑望，忽見樹上有一鳥大如雞，主人云：「且待取斧砍倒樹，捉此鳥與吾丈下飯。」客云：「只恐樹倒時鳥飛去了。」主人云：「你不知這呆鳥往往樹倒不知飛。」

說明

以樹倒猶不知飛去的笨鳥嘲諷久住不去之客人。

〈客答久住〉

舊日有女婿到丈人家久住，丈人卻其去而女婿不去。一日，丈人云：「甚荷遠來，家禽宰盡，無可相待，且勿罪。」意欲女婿辭去，女婿云：「丈人你不用煩惱，我來時見一群鹿在山內甚肥，可捕歸烹炮，亦多得日吃。」丈人云：「你來時在彼，合經月餘日，鹿必去了。」婿云：「那裡吃處好，往往未肯去。」

說明

丈人欲逐女婿離去，以家禽宰盡為由，令女婿知難而退，孰知女

婿告知山內有鹿可捕來吃，丈人說經過月餘鹿早已去，女婿反以有好的吃處，鹿必不肯去，來比喻自己亦因有好吃之處，不肯離去。

〈嘲客無饜〉

有人養一虎，毛文可愛，每日將穀與他吃，不吃，又將米喂它，又不吃，將飯菜與它，都不吃；忽有一小兒經過，被他一口吃盡；又有一丈夫過，又被它和衣服盡數吃了。主人乃大聲云：「畜生，許多物不吃，原來你吃人無饜飽時。」

說明

以虎不吃穀米，專吃人，嘲諷來客貪食無饜。

〈不見家兄〉

有周通判貪污，監司按劾，對移下縣知縣，才到任，吏人探其意，乃鑄一銀孩兒重一斤安在便廳桌上，入宅復云：「家兄在便廳取復。」知縣出來，只見銀孩兒，便收之。他日，吏人因有事忤，將勘決，吏人連聲復云：「且看家兄面。」知縣云：「你家兄沒有意智，一去後更不來相見。」

說明

吏人以鑄銀稱為「家兄」行賄賂之實，後因犯罪，求知縣看在「家兄」面上，予以寬宥，知縣更云，「家兄」一去不再來，以暗示欲免罪，需再有「家兄」來見。借此諷刺貪官污吏，貪得無厭。

〈捫掌錄補・禽言〉

王荊公嘗與客飲，喜摘經書中語作禽言，令燕云：「知之為知之，不知為不知，是知也。」久之，無酹者[4]。劉貢父忽曰：「吾摘句取字可乎？因作鵓鴣令曰：「沽不沽，沽[5]。」坐客皆笑。

三、張夷令・《迂仙別記》

張夷令，原名張灝，字夷令，別署平陵居士、學山長等，祖籍江蘇太倉，生平不詳。

《迂仙別記》題為吳下張夷令所編輯之書，全書以「迂公」為中心人物，刻畫其性情迂腐、行為乖張的做事模式，馮夢龍《古今譚概・專愚部》收錄該書二十四則，未知原書卷數多少。

〈斃我抵命〉

迂公出，遭酒人于道，見毆，但叉手聽之，終不發言。或問：「公何意？」曰：「倘斃我，彼自抵命。吾正欲求爾爾。」

〈無賊〉

鄉居有偷兒夜瞰公室，公適歸遇之，偷兒大恐，棄其所衣羊裘而遁。公拾得之，大喜，自是羊裘在念，入城，雖丙夜必歸，至家，門庭晏然，必蹙額曰：「何無賊？」

4　酹者：「酹」原是以酒灑地之祭；「酹者」此指無進酒令者。
5　沽：喝酒，此以「沽」音同鵓鴣之叫聲。諧音雙關。

〈狗病目〉

迂公病目，將就醫，適犬臥階下，迂公跨之，誤躪其項，狗遽嚙公，裳裂。公舉告醫。醫故調之曰：「此當是狗病目耳，不然，何止敗君裳？」公退思：「吠主小事，暮夜無以司儆[6]。」乃調藥先飲狗，而以餘瀝[7]自服。

說明

迂公果真迂腐，自己因眼疾誤踩狗而被咬，以為狗有眼疾，乃以眼藥給狗吃，自己再吃剩下的眼藥。

〈剐馬肝〉

有客語馬肝大毒，能殺人，故漢武帝云：「文成食馬肝而死。」迂公適聞之，發笑曰：「客誕語耳，肝故在馬腹中，馬何以不死？」客戲曰：「馬無百年之壽，以有肝故也。」公大悟，家有畜馬，便剐其肝，馬立斃。公擲刀嘆曰：「信哉，毒也。去之尚不可活，況留肝乎？」

說明

迂公不知剐馬而馬必死，誤以為肝有毒而死，迂之甚矣，而不自知。

6　暮夜無以司儆：指夜深沒有戒備、警惕。
7　餘瀝：指狗吃剩餘的藥。

〈修屋漏〉

久雨屋漏，一夜數徙床，卒無乾處。妻兒交詬。迂公急
呼匠葺治[8]，勞費良苦。工畢，天忽開霽，竟月晴朗。公
日夕仰屋嘆曰：「命劣之人，才葺屋，便無雨，豈不白
折了工費也？」

說明

聰明人應未雨綢繆，非屋漏才修屋，迄屋修畢，反怪不下雨而白
作工。

〈無人索臂〉

雨中，借人衣著之出，道濘，失足，跌損一臂，衣亦少
污，從者掖公起，為之摩痛甚力。公止之曰：「汝第
取水來滌吾衣，臂環無與爾事。」從者曰：「身之不
恤，而念一衣乎？」公曰：「臂是我家物，何人向我索
討。」

四、陳禹謨編‧《廣滑稽》

　　陳禹謨（1596年前後在世），字錫元，常熟人，萬曆年間由舉
人至四川任按察司僉事。廣採典籍詼諧雋語，成《廣滑稽》三十六
卷。因卷帙浩繁，茲舉數則，以見梗概。

　　《廣滑稽》共三十六卷，今有北京大學圖書館藏明萬曆刻
本，輯入《四庫全書存目》子部，冊二五一，前有羅胄於萬曆乙

8　葺治：修理、治理。

卯（四十三年，西元1615年）之〈敘〉及孫杰〈跋〉。該書以蒐
羅先秦以迄明代之典籍，含諸子、史傳、筆記、瑣事、雋語等凡
三百一十六種，卷帙浩繁，內容博雜，不分門類，以原書次第為
主。羅鞏〈敘廣滑稽卷〉云：「蒐抉簡編，簸揚今古，於凡大言金
玉細言藝術無不擷華漱艷，貯之腹笥，即諧辭讔語，類唇吻敏於炙
輪，旨趣躍於揮塵，磨礱托之嘲戲，鍼砭假詼諧也者，亦裒彙成
帙，而以廣滑稽名。」指出編輯在於磨礱鍼砭。而孫杰在〈跋〉中指
出其主旨：「顧其立言之旨，如何耳？立言而驕能使之下，愎能使
之容，闇能使之悟，炙詭之非正耶，謔之非莊耶，不經之非大常耶
也，……太史公曰：『談言微中，可以解紛』。寧獨解紛，忠臣假是
以悟主，則補袞之宏謨也，諍子效之以格父，幹蠱之極思也，良□彷
是以規友，則切劘之善道也，滑稽之言，詎可小哉？」由是可知深
有作意存乎其中，非徒笑謔而已。陳禹謨在〈書廣滑稽後〉自云：
「大都相嘲，欲出無心，最忌有意，當機時為謔浪，切莫刺譏，斯則
善用滑稽而不為滑稽累者也。」是知陳氏之慎戒也。

《後漢書·憂心如醉》

劉寬常於坐被酒睡伏，靈帝問太尉：「醉邪？」寬仰對
曰：「臣不敢醉，但任重責大，憂心如醉。」

《後漢書·我獨詐善》

張湛在鄉黨，詳言正色三輔以為儀表，人或謂湛偽詐。
湛聞而笑曰：「我誠詐也，人皆詐惡，吾獨詐善，不亦
可乎？」

《南史·羊乃爲汝徘徊》

潘淑妃者，本以貌進，始未見賞，宋文帝好乘羊車經諸

房，淑妃每妝飾褰帷以候，並密令左右以鹹水灑地，帝
每至戶，羊輒舐地不去，帝曰：「羊乃為汝徘徊，況於
人乎？」

《南史・成佛必在靈運後》

會稽太守孟顗事佛精懇，為謝靈運所輕，嘗謂顗曰：
「得道應須慧業，丈人生天當在靈運前，成佛必在靈運
後。」

《魏書・聞亦不解》

裴遠除開府儀同參軍事，放情琴酒之間，每返家，人或
問：「有何消息？」答曰：「無所聞，縱聞亦不解。」

《元史・地中復置地獄》

脫脫領宣政院事，諸山主僧請復僧司，且曰：「郡縣所
苦，如坐地獄。」脫脫曰：「若復僧司，何異地獄中復
置地獄。」

《元史・獨不能爲君爾》

順帝覽宋徽宗畫，稱善，巙巙進言曰：「徽宗多能，惟一
事不能。」帝問：「何謂一事？」對曰：「獨不能為君
爾！」

《道山清話・和佛也費力》

唐子方一日見介甫誦華嚴經，因勸介甫不若早休官去，

介甫問之，子方曰：「公之為官，止是作業，更做執政數年，和佛也費力。」

《真率記事·妓謔士人》

京師李小嬌一日與士人相向坐，戲曰：「小嬌你眼裡兩箇甚麼物？」嬌曰：「我眼裡兩箇狗。」

《東軒筆記·閻羅見闕》

王介與王荊公有舊，作詩有：「死時應合作閻羅」句，荊公笑曰：「閻羅見闕[9]可速赴任。」

《青箱雜記·亞字謎》

亞子自為亞字謎曰：「若教有口便啞，且要無心為惡，中間全沒肚腸，外面強生稜角。」

《湘山野錄·看三遍》

三蘇自蜀來，張安道、歐陽永叔為延譽，名大振。明允一日見安道問：「令嗣近日看甚文字？」明允答曰：「軾近日方再看《前漢》。」安道曰：「文字尚看兩遍乎？」明允歸以語子瞻，子瞻曰：「此老特未知世間人，固有看三遍者。」

9　見闕：闕，同缺，指閻羅王的職位缺人。

《湘山野錄・獨睡丸》

宏齋先生包恢年八十有八為樞密，相祀登拜郊台，精神老健。一日賈似道忽問曰：「包宏齋高壽，步履不艱，必有衛養術，願聞其略。」恢曰：「有一丸子藥，乃不傳之秘方。」似道欣然願受，恢徐徐笑曰：「恢喫五十年獨睡丸。」滿坐皆哂。

《桃源手聽・屠二萬牛》

孝宗朝詔婺州市牛筋五千觔。時李侍郎椿為守，奏：「一牛之筋才四兩，今必求此，是欲屠二萬牛也。」上悟為收前詔。

《冷齋夜話・七十買妾》

有村校書年已七十，方買妾，饌客，東坡杖藜相過，村校喜延坐其東，起為壽且乞詩，東坡問：「所買妾年幾何？」曰：「三十」乃戲為詩，其略曰：「侍者方當而立歲[10]，先生已是古稀年[11]。」

五、陸灼・《艾子後語》

陸灼，生平不詳。

《艾子後語》凡一卷，最初刊於萬曆年間之《煙霞小說》內，

10　而立歲：孔子有「三十而立」之說，後世遂以「而立」指三十歲。
11　古稀年：杜詩有「人生七十古來稀」之句，後世遂以「古稀」指七十歲。

後，崇禎年間刊於《八公遊戲叢談》內，今世界書局四部刊要之筆記小說名著叢刊將本書與《艾子雜說》系列書籍同輯於一書。〈艾子後語序〉云：「世皆知《艾子》為坡翁戲筆，而不知其有為作也。……余幼有謔僻（癖），有所得必志之。歲丙子遊金陵，客居無聊，因取其尤雅者，纂而成編，以附於坡翁之後，直用為戲耳，若謂其意有所寓者，則吾豈敢！」敘明編纂別有用意。

〈孫兒〉

艾子有孫年十許，慵劣不學，每加榎楚，而不悛。其子僅有是兒，恆恐兒之不勝杖而死也，責必涕泣以請，艾子怒曰：「吾為若教子不善邪？杖之愈峻，其子無如之何。」一旦雪作，孫搏雪而嬉。艾子見之，褫其衣使跪雪中，寒戰之色可掬，其子不復敢言，亦脫其衣跪其旁，艾子驚問曰：「汝兒有罪，應受此罰，汝何與焉？」其子泣曰：「汝凍吾兒，吾亦凍汝兒。」艾子笑而釋之。

〈病忘〉

齊有病忘者，行則忘止，臥則忘起。其妻患之，謂曰：「聞艾子滑稽多知，能愈膏肓之疾，盍往師之？」其人曰：「善。」於是乘馬挾弓矢而行，未一舍，內逼，下馬而便焉。矢植于土，馬繫于樹，便訖，左顧而睹其矢曰：「危乎，流矢奚自？幾乎中予！」右顧而睹其馬，喜曰：「雖受虛驚，乃得一馬」引轡將旋，忽自踐其所遺糞，頓足曰：「踏卻犬糞，污吾履矣。惜哉！」鞭馬反向歸路而行。須臾抵家，徘徊門外曰：「此何人居？

豈艾夫子所寓邪？」其妻適見之，知其又忘也，罵之，其人悵然曰：「娘子素非相識，何故出語傷人？」

〈嫁女〉

虞任者，艾子之故人也，有女生二周，艾子為其子求聘。任曰：「賢嗣年幾何？」答曰：「四歲」任怫然曰：「公欲配吾女子老翁邪？」艾子不諭其旨，曰：「何哉？」任曰：「賢嗣四歲，吾女二歲，是長一半年紀也；若吾女二十而嫁，賢嗣年四十，又不幸二十五而嫁，則賢嗣五十矣，非嫁一老翁邪？」艾子知其愚而止。

〈牡羊〉

艾子畜羊兩頭于圂[12]，羊牡者[13]好鬥，每遇生人，則逐而觸之，門人輩往來，甚以為患，請于艾子曰：「夫子之羊，牡而猛，請得閹之，則降其性而馴矣。」艾子笑曰：「爾不知今日無陽道[14]的更猛裡。」

六、屠本畯・《艾子外語》

　　屠本畯，字田叔，號豳叟，浙江鄞縣人。生卒不詳，主要活動於明代萬曆年間（約1573年—1620年）。以父蔭任太常寺典簿、禮

---

[12] 圂：有圍牆之園。
[13] 羊牡者：指公羊。
[14] 無陽道：「陽道」指雄性生殖器。「無陽道」指母羊。

部郎中、兩淮運司同知，後移福建任鹽運司同知。著有《閩中海錯疏》、《海味索引》、《閩中荔枝譜》、《離騷草木疏補》等，是一位具有實務經驗的學者。

《艾子外語》爲明人屠本畯所撰，凡二十二則，每一則不加名目。全書以艾子作爲貫穿之主角人物，每一條各自獨立，其屬性介於笑話與寓言之間。

〈富貴者盡攘去〉

艾子在平陸，與其友道上行，有乘軒者來，其友誡艾子曰：「此吾至親也，避之。」有擁蓋者。曰：「此吾至友也，避之。」行十數處皆然，已而有弄蛇者，有逐疫者來，艾子一如其友之誡，誡其友，其友愀然曰：「胡子親友貧窶至此哉！」艾子曰：「富貴者汝盡攘去矣。」

〈溲糕〉

巴陵道上提籠者，低聲倡曰：「賣糕！」艾子問：「於何而疾，奄奄氣息？」答：「枵腹[15]負擔，餒[16]不允斥。」問：「籠中有糕，何不取食？」答：「糕之溲[17]矣，去去售值。」艾子曰：「決性命之情以饕利，昧是非之實以售利，鄙哉！鄙哉！」

15　枵腹：空腹。

16　餒：饑餓。

17　溲：食物餿掉、壞掉。

七、屠本畯撰・懶道人錄・《憨子雜俎》

屠本畯，作者同《艾子外語》。

《憨子雜俎》為明代屠本畯所撰，凡十一則，每一則文末有懶道人撰寫之「懶道人錄曰」或「錄曰」，發揮己見，用以評騭是非或特作解說。懶道人為何許人也，無由得知。至於《憨子雜俎》創作意圖，可從第一則窺知，其云：「憨先生負暄，鄰老造焉，與之說鬼，不信也；說夢不覺也；談名理，弗解也；說莊語，弗喜也；說桑麻晴雨，偃蹇也；談虎豹蛇龍，踟躕也。談憨言，而後抵掌終日不疲。嗟嗟予，憨人也！以憨言解鄰老頤哉！客乘軒來談五交三釁，而予俛首，談為子孫作牛馬，而予隱几；談趙宋洛蜀故事，而予隨使翩翩游華胥國。客去留不暇顧矣。」其下，有懶道人錄曰：「鄰老諸談不入，言憨不疲，賢于乘軒之客屢談，而憨先生一不答，何也？彼以物附景從為心，此以帶索行歌為事，機緣之不，隨蝶使以翩翩，使其機忘緣對，即主人醉而欲眠，且曰：明朝有意抱琴來也。此憨先生寧與鄰老，不顧乘軒也歟！」由上所列《憨子雜俎》與懶道人之「錄曰」，可知該書之敘述模式。而該書文末有懶道人錄此書之意圖：懶道士錄憨言，過蘧蘧處士，處士卒業，曰：「笑極荒唐，忽入微細，之言而憨，憨無庸憨；之錄而囈，囈無庸囈。而憨而囈，吾于汝棄。」懶道人曰：「噫！雞三足，臧三耳，卵有毛，駏無趾，蝸角橘中，莫不有也，堅白異同，以駭聽視。此憨此囈，誠所不喜，吾將詣無夢之人，以究憨囈之旨。」可知其意在究極憨意。

〈鼠穴〉

一人乘車入鼠穴，餒三日，哺餘糧而出，一人聽蟲聚衾上，誦阿房宮賦，至「六王畢，四海一」其人固畢四也，以為犯己諱而滅之，蟻子闃然，狼籍衾上。

錄曰：車入鼠穴，大物困于小方也；蟲誦阿房，無聲變為有響也，朽麥化蝴蝶，老楓化羽人，不足怪哉。微畢

四，蝨之逞狂怪，不獨蔓延裩中狼籍衾上也！

〈無頭逍遙〉

至吝生[18]富甲里中，怨家其頭，棄之中野。至吝挈其頭歸，妻見之，駭而號，至吝曰：「勿號，勿號！急覓醫綴我頭，綴牢[19]，謝分毫[20]，索重謝[21]，吾寧無頭以逍遙。」

錄曰：楊朱為我，一介不取不予，宮黝養勇，一毫不撓不挫，著名高士，列序軒書也。至吝務儉叢怨，擅吝罹凶，既喪其元，猶惜小費，而曰：「寧無頭以逍遙。」噫，頭之不存，身將安屬乎！

八　許自昌・《捧腹編》

　　許自昌（1596年前後在世），字玄祐，吳縣人，為明萬曆年間前後之人。與陳繼儒諸人往來，喜好刻書，擅傳奇，有《水滸記》、《弄珠樓》、《報主記》等，撰有《樗齋漫錄》十二卷、編有《捧腹編》十卷等。

　　《捧腹編》為明人許自昌所輯錄，凡十卷。據許自昌自序云：「吁！當此煩惱堅固之世，不由喜根安涉名理，故捧腹乃證性之漸歟！王荊公先生亦云：不讀小說，不知天下大體，則予之是編也，或不止于助諧薦謔之書也，明矣。」是從典藏異書輯錄而成，每卷

18　至吝生：指綽號或名字叫至吝的人，其名與行為相符，是一個非常吝嗇的人。

19　綴牢：至吝因為被仇家砍斷頭，請妻子延醫將頭縫合起來。

20　謝分毫：指酬謝醫生縫合斷頭的酬金很少。

21　索重謝：指醫生若欲索酬重金。

所錄皆標示書名，有《艾子》、《問答錄》、《玉照新志》、《筆談》、《東齋遺事》、《軒渠錄》……等，因卷帙繁多，與前後笑話書多有重出，故選錄部份笑話，以《續修四庫全書》子部小說家類之《捧腹編》爲據。

《夷堅續志‧歐陽後》

吉州士子赴省，書先牌廬陵魁選歐陽伯樂。或誚之曰：「有客遙來自吉州，姓名挑在擔竿頭，雖知汝是歐陽後，畢竟從來不識脩[22]。」

《盧氏雜說‧大作家在那邊》

唐宰相王璵，好與人作碑誌，有送潤毫者，誤扣右丞相王維門，維曰：大作家在那邊。

說明

二人為左右丞，在那邊，一語雙關。

《續墨客揮談‧貓言不敢》

鄱陽龔冕仲自言其祖紀與族人同應進士舉，其家眾妖競作，乃召女巫徐姥者使治之，時尚寒，有一貓正臥爐側，家人指謂姥曰：「吾家百物皆為異，不為不異者，獨此貓耳。」次是貓亦人立拱手而言曰：「不敢。」

---

22 不識脩：指不認識歐陽脩，諧音雙關「不識羞」。

《清夜錄‧詹義解嘲詩》

詹義登科後，解嘲詩云：「讀盡詩書五六擔，老來方得一青衫，佳人問我年多少，五十年前二十三。」

《翰林志‧更快活》

梅詢為翰林學士，一日書詔頗多，搆思甚苦，推航循揩而行，忽見老卒臥日中，欠伸甚適，梅忽嘆曰：「暢哉」。徐問之曰：「識字乎？」曰：「不識。」梅曰：「更快活也。」

《桯史‧是以知其佳》

葉丞相衡罷相歸金華里居，不復問時事，但召布衣交日飲亡何，一日覺意中忽忽不怡，問諸客曰：「某且死，所恨未知死後佳否？」一士人在下坐，作而對曰：「佳甚。」丞相驚顧問：「何以知之？」曰：「使死而不佳者，皆返歸矣，一死不反，是以知其佳也。」滿座皆笑。

《隨隱漫錄‧和靖七世孫》

林可山稱和靖七世孫，不知和靖不娶已見梅聖俞序中矣。姜石帚嘲之曰：「和靖當年不娶妻，因何七世有孫兒，若非鶴種並龍種，定見瓜皮搭李皮。」

《東坡志林‧三老問年》

嘗有三老人相遇，或問之年，一人曰：「吾年不可記，

但憶少年時與盤古有舊。」一人曰：「海水變桑田時，吾輒下一籌，邇來吾籌已滿十間屋。」一人曰：「吾所食蟠桃棄其核於崑崙山之下，今已與崑崙齊矣。」

《歸田錄·面不過楪子大》

呂蒙正為相，有一朝士家藏古鏡，自言能照二百里，欲因公弟獻以求知，其弟伺間從容言之，公笑曰：「吾面不過楪子[23]大，安用照二百里。」

《樂善錄·安得猛士兮守鼻梁》

劉貢父晚年得惡疾，鬚眉墮落，鼻梁斷壞，苦不可言，一日與蘇子瞻數人各引古人一聯相戲，子瞻遽言曰：「大風起兮眉飛揚，安得猛士兮守鼻梁[24]。」

《金史·豈可使我爲始皇》

近侍有欲罷科舉者，世宗曰：「吾見大師議之。」張浩入見。上曰：「自古帝王有不用文學者乎？」浩對曰：「有。」曰：「誰歟？」浩曰：「秦始皇。」顧左右曰：豈可使我為始皇乎！」

《晉書·糠秕在前》

孫綽性通率好譏調。嘗與習鑿齒共行，綽在前顧謂鑿齒

23　楪子：盛食物的小盤。

24　大風起……守鼻梁：套用劉邦「大風起兮雲飛揚，安得猛士兮守四方」之句。

曰：「沙之汰之，瓦石在後。」鑿齒曰：「簸之颺之，
糠粃在前。」

《獨異志・不識鏡》

有民妻不識鏡，夫市之而歸，妻取照之，驚告其母曰：
「某郎，又索一婦歸也。」其母亦照曰：「又領親家母
來也。」

《隋書・僕從噉肉》

王劭篤好經史，遺落世事，用思既專，性頗恍惚，每至
對食，閉目疑思，盤中之肉輒為僕從所噉，劭後知覺，
唯責肉少，數罰廚人，廚人以情白劭，劭依前閉目伺而
獲之，廚人方免笞辱。

九、李贄編・《雅笑》

李贄（1527年—1602年），號卓吾，明代泉州晉江（今福建）
人，性好辯，喜談禪，思想穎異，是陽明學泰州學派後期的主要代表
人物，其學專崇釋理，非毀孔孟聖人，時人視爲異說，後繫獄自剄
死。文學主張獨抒己見，反對復古，重視小說戲曲之文學地位，撰有
《溫陵集》二十卷、《焚書》、《藏書》等。

《雅笑》，李贄彙編、姜肇昌校訂，今輯入《續修四庫全書》
子部小說家類，凡三卷一百八十二則，前有姜肇昌序，述其編纂原
委。李贄所編《雅笑》多輯自筆記、瑣談，與前選笑話多有重出，故
略舉數則以窺管蠡。

《青瑣高議‧鬥毆罰錢》

鞠真卿守潤州，民有鬥毆者，本罪之外，別令先毆者出
錢與後應者。小人靳財，兼不憤出錢，終日紛爭，相視
無敢下手者。

《東坡志林‧飲酒》

張安道飲酒，初不言盞數，與劉潛、石曼卿但言當飲幾
日而已。

《唐小說‧甕筭[25]》

有貧人止能辦販甕之資，夜宿甕中，心計曰：「此甕賣
之若干，其息已倍矣，我得倍息遂可販二甕，自二甕化
而為四，所得倍息，其利無窮！」遂喜而舞，不覺甕
破。

《事文類聚‧鑷鬚》

有一郎官年老，買媵妾數人，鬢白，令妻妾互鑷之。妻
恐其少，為群妾所悅，乃去其黑者。妾欲其少，乃去其
白者。未幾，頤頰遂空。又，進士李居仁，盡摘白鬚，
其友驚曰：「昔則皤然一翁，今則公然一婆」。

《聞見錄‧四畏堂》

王文穆夫人悍妒，貴為一品，欲置左右人，竟不可得。

---

25 筭：同「算」。

好賓客，畜樂院二十人，宅後圃中，作堂名三畏。楊文公戲之曰：「可改作四畏！」公問，其說曰：「兼畏夫人。」王深以為恨。

《聞見錄・水利》

王荊公好言水利，有小人詔曰：「決梁山湖八百里水以為田，其利大矣！」荊公喜甚，徐曰：「策固善，決水何地可容？」劉貢父在坐中曰：「自其旁別鑿八百里湖則可容矣！」荊公笑而止。

《事文類聚・娶婦行令》

村俗取婦禮，夕有秀才、曹吏、醫人、巫者同席行令，取本藝聯句。曹吏先曰：「每日排衙次第立」，醫人曰：「藥有溫涼寒燥濕」，秀才曰：「夜深娘子早梳粧」，巫者曰：「太上老君急急急」。

《事文類聚・慳》

有人家富而慳，從弟之京告行，不得已，與千錢一壺。作簡曰：「筋一條，血一壺，右件槌胸獻上，伏惟鐵心肝人留納」。

《藉川突梯・諱道字》

五代時馮瀛王道門客，講道德經首章：「道可道，非常道」，門客見道字是馮名，乃曰：「『不敢說』可『不敢說』，非常『不敢說』」。

《事林‧大姨小姨》

劉原父晚年再娶，歐公作詩戲之云：「仙家千載一何長，浮世空驚日月忙，洞裡桃花莫相笑，劉郎今是老劉郎。」原父得詩不悅，歐公與王拱辰同為薛簡肅公婿，歐公先娶王夫人姊，死，再娶其妹，故拱辰有舊女婿為新女婿，大姨夫作小姨夫之戲，原父思報之。三人會間，原父曰：「昔有一學究訓學子誦毛詩至委蛇委蛇，學子念從原音，學究怒而責之曰：『蛇當讀作姨字，無得再誤！』明日學子觀乞兒弄蛇，飯後方來，問：『何宴也？』曰：『遇有弄蛇（作姨讀）者，從眾觀之，先弄大姨後弄小姨，是以來遲。』」歐公亦為之噱然。

〈未載出處‧晝寢〉

一學究時時戒子弟勿晝寢，一日，子弟見學究方睡，請曰：「先生戒人而自蹈之，何也？」曰：「是非爾所知，吾夢周公耳。」弟子次日故睡，先生蹴之起，曰：「吾亦夢周公！」先生曰：「且道周公有何言？」曰：「亦無他話，只道昨日實不曾得會先生」。

十、潘塤編‧《楮記室》

潘塤（1476年—1562年）字伯和，號熙台，淮安城內人，祖傳業醫，於宋末避難遷居淮安。潘氏生有異稟，工於文章，直言敢諫，不畏權勢；有濟世之才，隱退後仍熱心地方事務，著有《淮郡文獻志》、《撫台奏議》五卷、《楮記室》五卷、《熙台詩集》十卷、《家藏集》等，其中《楮記室》收錄遺聞、神鬼、逸事等。

　　據楊家駱《中國笑話書》所云，《楮記室》一書為潘塤纂輯，卷
十四人部雜類之戲劇有笑話七則。今從該書錄數則。

《逸隱·出令相謔》

　　元豐中，高麗遣一僧入貢，頗辨慧，赴筵，設暈酒自
如。令楊次公接伴，一日，出令曰：「要兩古人姓名爭
一物。」沙門曰：「古人有張良，有鄧禹，爭一傘，良
曰：『良（涼）傘。』禹曰：『禹（雨）傘。』」次公
曰：「古人有許由，有晁錯，爭一葫蘆，由曰：『由
（油）葫蘆。』錯曰：『錯（醋）葫蘆。』」

說明

　　以「兩古人姓名爭一物」行酒令，高麗沙門遂以諧音來行酒令：
良（涼）傘、禹（雨）傘。楊次公亦以由（油）葫蘆、錯（醋）葫蘆
之諧音行酒令，可見古人之諧趣及反應之機敏。

《事文類聚·好佔便宜》

　　有人說話好佔便宜，常曰：「我被蓋汝被，汝氈舖我
氈；汝若有錢相共使，我若無錢使你錢；上山時汝扶我
腳，下山時我托汝肩；汝有妻時伴我睡，我有妻時我共
眠。汝從此誓時，我死在汝後，我違此誓時，汝死在我
先。」

說明

　　好處佔盡，果真是好佔便宜者。

《該聞錄·以姓名謔》

石中立參政滑稽，有上官泌郎中勸以慎口，對曰：「下官口干上官鼻何事？」

二、耿定向·《權子》

耿定向（1571年前後在世），字在倫，麻城人，明穆宗時人，嘉靖三十五年（1556年）進士，擢御史，出按甘肅，萬曆中累官至戶部尚書，後辭歸講學於天台山，爲學宗王陽明，著有《天台文集》二十卷、《碩輔寶鑑要覽》等。

〈權子〉一名〈權子雜俎〉，清人黃虞稷《千頃堂書目》卷十二子部小說類著錄爲耿定向所撰，今《續說郛》卷四十五有錄二十九條，《雪濤諧史》亦有錄之。內容近似理學家語，然諧趣雋永。

〈良知〉

昔陽明先生居，群弟子侍。一切來學士，蓋愚駭人也，乍聞先生論良知，不解，卒然起，問曰：「良知何物？黑邪？白邪？」群弟子啞然失笑，士漸而報。先生徐語曰：「良知非黑非白，其色赤也。」弟子未喻，先生曰：「其徵於色者，固良知也。」

〈致知〉

昔杭城元宵，市有燈謎云：「左邊左邊，右邊右邊，上些上些，下些下些，正是正是，重些重些，輕些輕些。」蓋搔癢隱語也。陽明先生聞之，謂弟子曰：「狀吾致知之旨，莫精切如此。小子默識之。」

〈畫一〉

仲子嘗游山中，偶過田夫家，睹其壁柱或畫一，或畫一，累累若《易》爻然，因問之。其人對曰：「儂不知書畫，只識數耳。一畫一石，一畫則半石也。」仲子曰：「嘻，孰謂《易》義精微哉！庖羲初畫，亦止若是耳。」

〈測字〉

宋季有謝石者，善測字。高宗微行，遇之，書一「問」字，令測。石思曰：「左看似君，右看似君，殆非凡人耶？」疑信間請再書一字，高宗以杖即地畫「一」字。石曰：「土上加一，王也，是吾君王乎？」遂拜伏。高宗既歸，招而官之。後秦檜當國時，高宗書一「春」字，命測之，其上半體墨重。石奏曰：「秦頭太重，壓日無光。」檜聞而銜之，中以危法編管遠州。道遇一老人于山下，亦善測字，石就之，書一「謝」字，求測。老人曰：「子于寸言中立身，術士也。」舉掌令更書以卜所終，石書一石字。老人曰：「凶哉！石遇皮必破，遇卒必碎矣。」時押石之卒在旁，而書字在掌中，故云。石大款服，請老人作字，測為何如人。老人曰：「即以我為字可也。」石曰：「夫人而立山旁，子殆仙。」乃下拜，願執弟子禮。請益曰：「吾術似無減先生，乃先果然仙矣，而吾茲不免塵網，何也？」老人曰：「子以字為字，吾以身為字也。」

〈家語〉

吳中有一老，故微而簍[26]，初弄蛇為生，其長子行乞，次子釣蛙，季子謳采蓮歌以丐食，晚致富厚。一日，其老聚族謀曰：「吾起家側微，今幸饒于資，須更業習文學，方可振家聲也。」于是延塾師館督令三子受業，逾季，塾師時時譽諸子業日益。其老乃具讌集賓，延名儒試之。名儒至，則試以耦語，初試季子云：「紛紛柳絮飛。」季子對曰：「哩哩蓮華落。」繼試仲子云：「紅杏枝頭飛粉蝶。」仲子對曰：「綠楊樹下釣青蛙。」卒試長子云：「九重殿下，排兩班文武官員。」長子對曰：「十字街頭，叫幾聲衣食父母。」其老竊聆之，咤曰：「阿曹云云，猶舊時所弄蛇家語也。」

説明

後雖富厚，然眾子所對之詩句，猶未忘舊賤時之業。

〈自貞〉

市有不貞之婦，初蒙帷薄之訿，赧然內愧欲死。已或訿之，則猶俯首至羞恥也。久之，抗顏與人鬥訿，悍然不顧也。人或挑以目，或躡足而拊其股，則猶嘻嘻自明曰：「吾心自貞，疇能涴[27]我？」

26　故微而簍：指以前身份微賤，持簍為生。
27　涴我：沾污我

〈出頭〉

有僧居常誦經不輟，其徒游方參悟，歸思度其師。一日指櫺間[28]蠅曰：「咄，不向寥廓奮飛，而日淚淚然鑽此故紙，安能出頭！」其師乃有省。

二、李贄編‧笑笑先生增訂‧哈哈道士校閱‧《山中一夕話》

李贄，見p89。

李贄編撰《山中一夕話》，三台山人題〈序〉云：「與君一夕話，勝讀十年書。……遇笑笑先生于茅山之陽，班荊道及，因出一編，蓋本李卓吾先生所輯，開卷一笑。刪其陳腐，補其清新。凡宇宙間可喜可笑之事，齊諧游戲之文，無不備載，顏曰《山中一夕話》」，說明李贄原編爲開卷一笑，其後改編爲《山中一夕話》上下集各七卷共十四卷。今有明清善本小說叢刊本，天一書局出版，亦輯入《明清笑話十種》刊卷七至十二共六卷之中。全書十二卷，不立卷名，僅以序號編排。因是編纂之書，故與其他笑話書，多有重出。

〈翻綽入水〉

玄宗嘗令左右提翻綽入池水中，復出曰：「向見屈原笑臣：『爾遭逢聖明，何亦至此？』」

說明

翻綽以入水見屈原來嘲諷聖明之君，定不令臣子入水，意欲玄宗自警。

---

28 櫺間：窗邊。

〈梁灝及第謝表〉

梁灝年八十二，狀元及第，謝啓曰：「白首窮經，少伏生之八歲；青雲得路，多太公之二年。」

〈妻有三畏〉

裴談為御史大夫，素奉釋氏，妻悍妒，談謂妻有可畏者三：少妙之時，視之如生菩薩，安有人不畏生菩薩耶？及男女滿前，視之如九子魔母，安有不畏九子魔母耶？及五十六十，薄施妝粉，或青或黑，視之如鳩盤荼[29]，安有人不畏鳩盤荼耶？

三、樂天大笑生編、逍遙道人校刊‧《解慍編》

樂天大笑生，生平不詳。

《解慍編》凡十四卷，輯入《續修四庫全書》，冊1272。各卷皆有卷名，第十四卷為隱語。

〈儒箴‧買豬千口〉

一縣官寫字潦草，欲置酒延賓，批票付隸[30]買豬舌。舌字寫太長，隸人錯認，只謂買豬千口。遍鄉尋買，只得五百口，赴縣哀告，願減一半。縣官笑曰：「我令你買豬舌，如何認作買豬千口？」隸人對曰：「今後若要買鵝，千萬寫短些，休要寫作買我鳥。」

29　鳩盤荼：梵語，吃人精氣之鬼。
30　隸：供賤役之人。

〈儒箴‧懶學詩〉

春游不是讀書天，夏日炎炎只好眠，秋到淒涼無興趣，不如耍笑過殘年。

〈儒箴‧妙處難學〉

或人命其子曰：「爾一言一動，皆當效師所為。」領命侍食于師。師食亦食，師飲亦飲，師側身亦側身。師暗視不覺失笑，擱箸而噴嚏。噴嚏不可強為，乃揖而謝曰：「吾師此等妙處，其實難學也。」

〈官箴‧新官賀詞〉

新官視事[31]，三日大宴樂人致詞曰：「為報吏民須慶賀，災星退去福星來。」新官喜其譽己，問誰所撰，思欲饋謝之，樂人對曰：「本州自來舊例如此。」

〈官箴‧地獄治罪〉

人有死而復生者，能言陰陽間事，備云：「方見閻王詰魯正卿季氏曰：『某年，齋人侵境，汝只遣萬人往應之，多寡不敵，致害人命。又某年饑，汝蔽君聰明，遂不發廩[32]，致死數萬人。又汝燮理[33]乖戾，多致水旱，民被其害。』」季氏叩頭服罪。王遣鬼卒押付阿鼻地

31　視事：治事、任職，多言政事。
32　廩：同「稟」，賜人以穀。
33　燮理：協調治理。

獄。」烏有先生聞而嘆曰：「若果如此理會，陰間安得許多地獄耶！」

〈官箴‧壞了一州〉

秀才設教縣衙，教千字文曰：「戶封七縣。」官問其故，對曰：「本是八縣，今被本官不才壞了一縣。」縣官怒，稟州官治之。州官考其人，因命講《禹貢》。秀才曰：「禹別八州」州官詰之曰：「何為少了一州？」答曰：「本是九州，今被本官壞了一州。」

〈官箴‧選科謠〉

都下童謠曰：「選科全不在文章，但要生的胡胖長。更有一般堪笑處，衣裳穿得硬梆梆。」

〈九流‧合八卦〉

一術士初出外境看風水，過一茂林，忽聞野鴉鳴，聽之似曰：「合八卦。」乃顧其僕曰：「我且急歸矣，近來江湖間野鳥也會看風水。」

〈方外‧犯僧嫁禍〉

富室居鄰寺觀，僧夜逾其墻，未及竊物，被逐奔去。倒跌濕泥中，慮首跡不可掩，急挣起捻拳印其中，作道冠之狀曰：「賴道士罷。」

〈方外・老人妄語〉

太上老君云：「誦經千遍，身騰紫雲。」一道士篤信此説，誦至九百九十九遍，乃沐浴登壇，告別親友，俟候騰云。更誦一遍湊千數，至暮竟無片雲。道士指老君塑像嘆曰：「誰知你這等老老大大也會説謊。」

〈口腹・就瓶飲〉

人有好飲者，游京師于人飲食。一日遇故人于道，輒苦口求飲。故人曰：「吾寓所甚遠，奈何？」其人曰：「諒不過二三十里。」故人曰：「寓所甚隘，奈何？」其人曰：「但開得口足矣。」故人曰：「器皿不備，奈何？」曰：「辱在相知，就瓶飲亦可。」

〈口腹・貧人耽酒〉

詩曰：空契壺瓶酒肆纏，渾身搜遍沒文錢。幾回欲脱蓑衣當，又恐明朝是雨天。

〈口腹・吃了又吃〉

目連修道，問法于佛，佛教之入山舍身飼蚊，乃可得道。連從命，入山飼蚊，間亦撲殺數蚊。佛責其壞慈悲之教，連應曰：「非我不慈悲，奈此數蚊吃了又來吃。」

〈口腹・七德雞〉

一館人待師甚薄，師見其家多肥雞，笑問曰：「君家七德禽如此之盛？」主曰：「吾聞雞稱五德[34]，未喻七德之說。」師曰：「五德之外，更有二德，我吃得（德），你舍不得（德）。」

〈口腹・秋蟬〉

主人待僕人甚薄，衣食常不周。僕聞秋蟬鳴，問主人曰：「此鳴者何物？」主人曰：「秋蟬。」僕曰：「蟬食何物？」主人曰：「吸風飲露耳。」僕問：「蟬衣著否？」主人曰：「不用。」僕曰「此蟬正好跟我主人。」

〈口腹・五百年夫妻〉

一人極鄙吝，且易喜易怒。忽買肉四兩，令妻作羹，肉少下沈，膏浮碗面。其人即大怒，詈其妻曰：「我與你是前世冤家，便當離去！」及舉箸，見碗底有肉，即大笑，撫妻背曰：「我與你是五百年前結合的夫妻！」

〈風懷・因夢致爭〉

貧士夢拾銀三百兩，即覺，謂妻曰：「若果得此，以百兩買屋，以百兩買頭田，又以百兩聘二小妾，其樂如何？」妻即大怒曰：「你只好凍，才有些錢便思討

---

[34] 五德：《韓詩外傳》謂雞有：文、武、勇、仁、信五德。

小！」爭鬧不已，就床打起，驚動四鄰，急來相勸。問其故，四鄰笑曰：「幸得是夢，你家若真有錢討小妾，豈不打出人命。連累我鄰右耶？」

〈風懷‧周公詩禮〉

一婦人妒忌之甚，其夫嘗以周公詩禮喻之，乃嘆曰：「〈樛木〉、〈螽斯〉等篇，古之賢妃，略無忌如此。」其妻曰：「此詩是誰所作？」答云：「周公所作。」其妻曰：「原來是周公作的，若是周婆作的，必不如此說。」

〈風懷‧葡萄架〉

一縣官極懼內，見吏呈押文案，面有傷痕，問其故。吏托辭答曰：「昨夜葡萄架下乘涼，風起架倒，面目被傷。」縣官嘗身被內人戲，不信其言，乃曰：「你莫支吾，想必被妻打損。」因呼吏妻至廳，大罵曰：「夫者婦之天，天可欺乎？罪不應恕，合杖八十。」不意夫人窺于廳後，即拋石打出，推倒公案，罵曰：「她女流之輩，豈可責她？」縣官懼叫吏人曰：「你夫婦且回去，我衙裡葡萄架也倒了！」

〈貪吝・死後不賒〉

一鄉人，極吝嗇，病劇牽延不絕氣[35]，哀告妻子曰：「我一生苦心貪吝，斷絕六親，今得富足，死後可剝皮賣與皮匠，割肉賣與屠，刮骨賣與漆店。」必欲妻子聽從，然後絕氣。既死半日，復蘇，囑妻子曰：「當今世情淺薄，切不可賒與他。」

〈貪吝・鮓哮〉

一人極鄙吝，每吃，于空盤中寫一鮓字，叫聲鮓字，食飯一口，其弟語吃，連叫：「鮓，鮓，鮓。」其兄大怒曰：「你休得吃哮了，連累我使錢買藥。」

〈尚氣・眉爭高下〉

目問眉曰：「我能辨別好互，認識萬象，有大功于人。爾有何能，位居吾上？」眉曰：「我也不與你爭高下，必欲我在爾下，好看不好看？」

〈尚氣・見我怕否〉

江南人多鄉談，不能為正音。至都下，急行大市中，偶遺袖中帕，沿街尋叫，逢人輒問曰：「你見我帕麼？」遇一粗暴軍人，聞其問，發狂大怒曰：「我見千見萬，如何見你怕！」

---

[35] 牽延不絕氣：指病重拖延，尚未斷氣。

〈偏駁・暴富〉

人有暴富者，曉起看花，啾啾稱疾，答曰：「今早看花，被薔薇露滴損了，可急名醫用藥。」其妻曰：「官人你卻忘了，當初我和你乞食時，在苦竹林下被大雨淋了一夜，也只如此。」

〈偏駁・洗衣〉

貧士止有一布衫，遇漿洗時，無可替換，只得晝睡。客問其子曰：「爾父何在？」其子答曰：「睡在床。」客曰：「有何病？」其子嗔曰：「你爺洗布衫打睡時，也是有病麼？」

〈偏駁・口善心惡〉

一軍士平食素誦經，當臨陣時，口常念佛。主將察知，怪其無勇，欲治之以法，因詰之曰：「我對陣，只要殺人取勝，如何口中念佛？」軍人答曰：「我口中雖然念佛，裡面卻是一片殺人心。」

〈諷諫・六千兵散〉

一勛臣總督團營，擅役官兵治私第。優人扮二儒生，其一高聲咏詩曰：「六千兵散楚歌聲。」其一曰：「八千兵散。」爭辯良久。徐曰：「汝不知耶，那二千俱在某官家蓋房，何曾在營。」

〈諷諫‧欠二梁〉

一中產之家，不自忖度，罄產架高堂，堂成養贍乏。里中長者過其廬，嘆曰：「堂甚好，只是欠二條梁矣。」主人問曰：「屋已完美，尚欠何梁？」長者曰：「一條是不思量，一條是不酌量[36]。」

〈諷諫‧空肚吃槌〉

一士人修業僧寺，無辜受禍，乃題小木魚以寄意，詩曰：「無辜受害實相戲，和尚團圞吃飯時。廊下木魚干甚事，朝朝空肚吃苦槌。」

〈諷諫‧求人不苦求己〉

或問佛印曰：「觀音旁有侍者，何為自提淨瓶？」佛印戲答曰：「求人不若求己。」

〈形體‧大眼〉

主人自食大魚，卻烹小魚供賓，誤遺大魚眼珠于盤，為客所覺，因戲言：「欲求魚種，歸畜之池。」主謙曰：「此小魚耳，有何足取？」客曰：「魚雖小，難得這雙大眼睛。」

36　量：梁同音。

十四、李開先‧《詞謔》

李開先（1502年—1568年），字伯華，號中麓子，別署中麓放客，山東章丘人，為明代有名戲曲家。與王慎中、唐順之等人詩文唱和，明稱嘉靖八子，文宗韓、柳，有《中麓小令》一百首，傳奇《寶劍記》等作品。

《詞謔》共分為詞謔、詞套、詞樂、詞尾四部份，《詞謔》選錄詼諧諷刺的曲文與笑話故事。《中華古典戲曲論著集成》有錄。因有些曲詞較長，茲錄短者。

〈咏瘧疾〉

有咏瘧疾者，頗盡其情態：「熱時節熱的在蒸籠裡，冷時節冷的在冰凌上臥，顫時節的牙關錯，疼時節疼的天靈破。兀的不害殺人也麼哥[37]，兀的不害殺人也麼哥，寒來暑往都經過。」

〈咏暑夜〉

〈寨兒令〉：「二鼓過，戰睡魔，翻來覆去沒奈何。狗蚤成羅，壁虱成窩，蚊子似篩鑼。兩只手如切如磋，兩只腳如琢如磨。渾身上都咬破，一雙眼幾曾合！哥？難道說安樂直錢多？」

〈兩人誇乖〉

〈朝天子〉：「買乖，賣乖，各自有乖名兒在。使乖乖

37　也麼哥：元曲之語末助詞，無義，也作「也末哥」或「也波哥」。

處最難猜,肯把乖來壞?乖賣與乖人,恁乖了誰買?買乖的必定乖。你說道你乖,我說道我乖,只怕乖乖惹的乖乖怪。」

〈嘲妓者好睡〉

嘲妓者好睡,〈沈醉東風〉:「搖不醒鸞交鳳友,喚不回燕侶鶯儔。莫不是宰予妻、陳搏偶?百忙裡蝶夢莊周,破衲蒙頭萬事休,真乃是眠花臥柳。」

十五、北赤心子・《新話摭粹》

北赤心子,生平不詳。

《新話摭粹》為明人北赤心子輯於《選鍥騷壇摭粹麝譚苑》中第五卷,又名《繡谷春容》。

〈言物產〉

太學生相聚,各言物產以相嘲難。東魯生曰:「一山一水一秀才,甲天下矣。」關中生曰:「何山?」曰:「泰山。」曰:「只有天在上,更無山與齊,當在華山下矣。」又:「何水?」曰:「東海。」曰:「黃河之水天上來,東流到海不復回,乃屬河之委矣。」又:「秀才誰也?」曰:「孔子。」曰:「文王我師也,周公豈欺我哉!孔子,文王之弟子也。」相與一笑,是稱文談。

〈七出咸備〉

解學士嘗弔友人喪妻，入門曰：「恭喜。」繼曰：「四德[38]俱無，七出[39]咸備[40]，嗚呼哀哉，大吉大利。」聞者絕倒，蓋其妻悍也。

六 劉元卿編‧《應諧錄》

劉元卿（約1584年前後在世），字調父，安福人，約為明神宗萬曆年間人，隆慶四年（1570年）舉於鄉，會試對策極陳時弊，主試者不敢用，絕意仕進，後召為國子博士，擢禮部主事，後以疾引歸，著述以終。撰有《山居草》、《諸儒學案》、《賢奕編》等。

《應諧錄》為劉元卿所編纂，清陶珽纂《續說郛》錄二十一則，《雪濤諧史》亦有錄。本書雖為笑話，然多有深意寄乎其中。

〈盲苦〉

有盲子涸溪，橋上失墜，兩手攀楯[41]，兢兢握固，自分失手必墮深淵已。過者告曰：「毋怖，第放下，即實地也。」盲子不信，握楯長號，久之，力憊，失手墜地。乃自哂[42]曰：「嘻！蚤[43]知即實地，何久自苦耶！」夫大道其夷，沈空守寂，執一隅以自矜嚴者，質此省哉！

---

38 四德：班昭〈女誡〉謂四德為：婦德、婦言、婦容、婦功。

39 七出：古代社會丈夫休妻七種理由：無子、淫泆、不事舅姑、口舌、盜竊、妒忌、惡疾。

40 咸備：皆備。

41 楯：欄杆的橫木。

42 哂：微笑、譏笑。

43 蚤：同「早」。

〈貓號〉

齊奄家畜一貓，自奇之，號於人曰：「虎貓。」客說之
曰：「虎誠猛，不如龍之神也，請更名曰龍貓。」，又
客說之曰：「龍固神於虎也，龍升天，須浮雲，雲其高
於龍乎？不如名曰雲。」又客說之曰：「雲靄蔽天，風
倏散之，雲故不敵風也。請更名曰風。」又客說之曰：
「大風飆起，維屏以牆，斯足蔽矣，風其如牆何！名之
曰牆貓可。」又客說之曰：「維牆雖固，維鼠穴之，牆
斯圮矣，牆又如鼠何！即名曰鼠貓可也。」東里丈人嗤
之曰：「噫嘻！捕鼠者故貓也，貓即貓耳，胡為自失本
真哉？」

〈同病〉

張詡子繕一榻麗[44]，以在臥內，人未有見也，故托疾臥
榻上，致姻友省問觀之。其姻龍揚子者，新制一褲，亦
欲章示；其人故搴裳交足加膝而坐，已問曰：「君何
疾？」張詡子睹龍揚子狀若是，相視而笑曰：「吾病亦
若[45]病也。」

〈性急〉

于嘽子與友連床，圍爐而坐。其友據案閱書，而裳曳於
火甚熾。于嘽子從容起，向友前拱立作禮而致詞曰：

---

[44] 一榻麗：有一張華麗的床。

[45] 若：你。

「適有一事，欲以奉告，諗君天性躁急，恐激君怒；欲不以告，則與人非忠；敢請，惟君寬假，能忘其怒，而後敢言。」友人曰：「君有何陳？當謹奉教。」于嘽子復謙如初，至再至三，乃始逡巡言曰：「時火燃君裳也。」友起視之，則毀甚矣。友作色曰；「奈何不急以告，而迂緩如是？」于嘽子曰；「人謂君性急，今果然耶！」

說明

火燒衣裳，焉得不急？迂腐者往往誤事若此。

〈兩瞽〉

新市有齊瞽者，性躁，急行乞，衢中人弗[46]避道，輒忿罵曰：「汝眼瞎耶！」市人以其瞽，多不較。嗣有梁瞽者，性尤戾，亦行乞衢中，遭之，相觸而躓，梁瞽故不知彼亦瞽也，乃起亦忿罵曰：「汝眼亦瞎耶！」兩瞽閧然相詬，市子姍笑。噫！以迷導迷，詰難無已者，何以異於是。

七、謝肇淛‧《五雜俎》

　謝肇淛（約1607年前後在世），字在杭，福建長樂人，約為明神宗萬曆年間人，萬曆二十年（1592年）進士，累遷工部郎中、廣西布政使。著有《北河紀略》載歷代治河利病，又有《小草齋詩

---

46 弗：無、不。

集》、《滇略》、《方廣岩志》、《文海抄沙》等。

　　《五雜俎》凡五部十六卷：天部二卷、地部二卷、人部四卷、物部四卷、事部四卷。今據《古代笑話集成》輯入。

〈良臣〉

　　錢良臣自諱其名，幼子頗慧，凡經史中有「良臣」字，輒改之。一日，讀《孟子》「今之所謂良臣」，遂改云：「今之所謂爹爹，古之所謂民賊也。」一時哄傳為笑。

〈二技〉

　　有人以釘鉸為業者，道逢駕幸郊外，平天冠偶壞，召令修補，訖，厚加賞賚[47]。歸至山中，遇一虎臥地呻吟，見人舉爪示之。乃一大竹刺。其人為拔去。虎銜一鹿以報，至家語婦曰：「吾有二技，可立致富。」乃大署其門曰：「專修補平天冠，兼拔虎刺。」

說明

　　修平天冠與拔虎刺皆非常技，以此自負，豈能不自誤？

〈閉門戴平天冠〉

　　唐明皇坐勤政樓上見釘鉸者，呼之曰：「朕有一破損平天冠，汝能釘鉸否？」對曰：「能。」遂整之。既完，

47　厚加賞賚：指賞賜豐富。

上曰：「朕無用此冠，便以賜卿。」其人皇恐不敢受。
上曰：「俟夜深閉門獨自戴，甚無害也。」

說明

夜深閉門戴平天冠，何有威儀？不如不戴。

〈鐵心肝〉

有吝于財者，遇一親故求濟，以酒一甌、錢索一條送
之，云：「筋一條，血一碗，右搥胸奉上，伏望鐵心肝
人留納。」

〈言志〉

有二措大[48]言志。一云：「我平生不足，惟飯與睡耳。它
日得志，當吃飽飯了便睡，睡了又吃飯。」一云：「我
則異于是。當吃了又吃，何暇復睡耶！」

〈每日一到〉

程師孟知洪州，作靜堂，自愛之，無日不到，作詩題于
石曰：「每日更忙須一到，夜深長是點燈來。」李元規
見而笑曰：「此是登溷[49]詩也！」

---

48 措大：指貧寒失意的讀書人。
49 溷：廁所。

〈六月雪〉

又一日，大雪擁爐，白入，素急問曰：「今早有人被蜈
蚣咬，痛欲死，若為治之。」白曰：「可取六月雪塗
之。」素曰：「六月那得雪？」白曰：「六月無雪，此
時那得蜈蚣？」左右服其機警。

六、郭子章編・明張養蒙訂校・《諧語》

　　郭子章（約1585年前後在世），字相奎，號青螺，又號蠔衣
生，泰和人，約爲明神宗萬曆年間人，隆慶五年（1517年）進士，
歷官廣東、四川、浙江、山西等地，累官至兵部尙書。才學富贍，著
述宏富，有《粵草》、《蜀草》、《聖門人物志》等。

　　《諧語》是《郭子六語》之一，凡七卷三百十一則，爲明代郭
子章所撰。其中有《蘇黃滑稽帖》一種，宋楊萬里《誠齋集》卷
九十九題跋作《蘇黃滑稽錄》。《諧語》序云：「夫諧之于六語，無
謂矣，顧詩有善謔之章，語有莞薾之戲，《史記》傳列〈滑稽〉，
〈雕龍〉目著〈諧讔〉，邯鄲《笑林》、松玢《解頤》，則亦有不可
廢者。顧諧有：有無益于理亂，無關于名教，而嚮人口給者，班生所
謂口諧倡辯是也；有批龍鱗于談笑，息蝸爭于頃刻，而悟解紛者，太
史公所謂談言微中是也。然淳于髡、東方朔以前，猶有足稱，晉魏以
後，至于盜削卵，握春杵，風斯下矣。甚之一語譏笑，因而賈罪，
如劉貢父、蘇子瞻，可爲殷鑑。善諧者，取古今而並觀之，令自擇
焉：上之如武公之不爲虐，下之如髡、朔之能回主；如劉如蘇，身之
不能衛，而皇恤其他，則無戲言可也。」由是可知取古今善諧以爲殷
鑑。

〈故人求助〉

蘇子由在政府，子瞻為翰苑，有一故人與子由兄弟有舊，來干子由求差遣，久而未遂。一日，來見子瞻，且云：「某望內翰一言為助。」公徐曰：「舊聞有人貧甚，無以為生，乃謀伐冢[50]，遂破一墓，見一人裸而坐曰：『爾不聞漢世王陽孫乎！裸葬以矯世，無物以濟汝也。』復鑿一冢，用力彌艱，既入，見一王者，曰：「我漢文帝也，遺制：壙中無納金玉，器皆陶瓦，何以濟汝？」復見有冢相連，乃穿其在左者，久之方透，見一人曰：「我伯夷也，瘠羸，面有飢色，餓于首陽之下，無以應汝之求。」其人歎曰：『用力之勤無所獲，不若更穿西冢，或冀有得。』羸者謂曰：『勸汝別謀于他所，汝視我形骸如此，舍弟叔齊豈能為！』」故人大笑而去。

說明

蘇軾以漢文帝之儉約，伯夷、叔齊餓死首陽山等故事喻示自己貧無以自立，自救尚且不能，何能助人。

〈蝗蟲〉

錢穆甫為如皋令，歲旱蝗，而泰興令獨紿[51]郡將云：「縣界無蝗。」已而蝗大起，郡將詰之，令辭窮，乃言：「縣本無蝗，蓋自如皋飛來。」乃檄如皋請嚴捕蝗，

50　伐冢：指盜墓。

51　紿：欺騙。

無使侵鄰境。穆甫得檄，輒書其紙尾，報曰：「蝗蟲本是天災，即非縣令不才，既自敝邑飛去，卻請貴縣押來。」未幾，傳到都下，無不絕倒。

十九、浮白齋主人‧《雅謔》

編者爲浮白齋主人，未知是何許人也，盧斯飛、楊東甫《中國幽默文學史》共臚列六點證明作者爲馮夢龍，其中最重要的是《破愁一夕話》選有十種書籍：笑林、雅謔、謎語、嘲妓、巧偶、山歌、酒令、牌譜、夾竹桃、挂枝兒，其中大部份編作者爲馮夢龍，遂據此指出浮白齋主人即是馮夢龍，吾人則認爲馮夢龍編寫笑話書喜歡分類，題爲浮白齋主人或浮白主人皆無分類的習慣觀之，非馮夢龍編笑話書之風格，故吾人以爲非馮氏所編，且二書與馮氏其他笑話書多有重出，可見非馮氏之編。

《雅謔》全書共一百三十八則，不分卷不分類，大多是編寫自典籍或耳目親歷者。今據《古今笑話集成》輯入。

〈僧哥〉

昔有一僧在坡公座中，見小兒名僧哥者，戲謂公曰：「公不重佛，安用此名？」公笑曰：「人家小兒要易長育，往往以賤物爲小名，如羊狗馬牛之類是也。」僧大慚。

〈帝怕妒婦〉

房夫人性妒悍，玄齡懼之，不敢置一亡[52]。太宗命后召夫

---

[52] 亡：無。指房玄齡對夫人的話，唯命是從。

人，告以媵妾之流，今有定制，帝將有美女之賜。夫人執意不回，帝遣斟卮酒以恐之曰：「若然是抗旨矣，當飲于鴆[53]。」夫人一舉而盡，略無留難，帝曰：「我見尚怕，何況于玄齡？」

〈懼內都統〉

唐中令王鐸，甚懼內。因黃巢兵近，為都統以鎮渚宮，止姬妾相隨，其內未行，忽報夫人離京在道，駭謂從事曰：「巢漸漸近南來，夫人倖倖自北至，旦夕情味，何以安處？」幕僚戲曰：「不如降巢。」公亦大笑。

〈呆子〉

吳中某富翁有呆子，年三十，倚父為生。父年五十矣，遇星家[54]推父壽當八十，子當六十二。呆子泣曰：「我父壽止八十，我到六十以後，那二年靠誰養活？」

說明

　算命之言，可信乎？呆子倚父為生，懼父死之後無以自立，遂有憂心。

〈東坡肉〉

　陸宅之善謔，每語人曰：「吾甚愛東坡。」或問曰：

53　鴆：毒酒。
54　星家：指天文術數家和算命測字看相的人。

「東坡有文，有賦，有詩，有字，有東坡巾，君所愛何居？」陸曰：「吾甚愛一味東坡肉。」聞者大笑。

說明

饞人，別有所愛。

〈白米飯〉

近一友有母喪，偶食紅米飯，一腐儒以為非居喪者所宜。詰其故，謂紅，喜色也。友曰：「然則食白米飯者，皆有喪也？」

說明

迂儒以紅米飯不宜居喪所食，朋友告之，難道吃白米飯皆有喪乎？以諷迂儒不知變通。

〈死後佳〉

葉衡罷相歸，一日病，問諸客：「我且死，但未知死後佳否？」一士人曰：「甚佳。」葉驚問曰：「何以知之？」士人曰：「使死而不佳，死者皆逃歸矣。一死不返，以是知其佳也。」滿坐皆笑。

說明

死而不歸，知其佳處，妙哉。

〈出入狗竇〉

張吳興，聰穎不凡，年八歲齲齒，先達戲之曰：「子口

中何為開狗竇[55]？」張應聲答曰：「正使君輩，從此中出入耳。」

説明

侮人者，必招自侮。

〈不死酒〉

漢武帝時，有貢不死之酒者。東方朔竊飲焉。帝怒，欲殺之。朔曰：「臣所飲，不死酒也，殺臣，臣必不死，臣若死，亦不驗。」帝笑而赦之。

説明

東方朔飲不死酒以諫君，啓漢武帝迷信之誤。

〈神仙難作〉

時俗賄賂公行，上下沿習。一人作呂純陽狀，杖頭挑錢百文，眾小兒牽衣乞錢，即與一文，行未一步，又一兒牽袂以乞，又與一文，才移足，兒又乞錢，如是者，三四不止。純陽撫掌嘆曰：「步步要錢，教我神仙也難做。」

説明

以眾乞兒向呂洞賓行乞，致「步步要錢」之寸步難行，來諷刺

55　狗竇：狗洞，此指口中牙落，有缺口。

「部部要錢」之公府部門賄賂。

二、浮白主人‧《笑林》

　　《笑林》作者題為浮白主人，據前所述，浮白主人，應即是浮白齋主人。

　　全書共一百四十五則，不分卷不分類，類別相近者以序相從，內容以多元視角來觀察社會中的眾生百態，各具不同面貌，似萬花筒照映出突梯滑稽的人情世象。

〈借牛〉

　　有走柬借牛於富翁者，富翁方對客，諱不識字，偽啟緘視之，對曰：「知道了，少停我自來也。」

說明

　　不識字佯識字，蓋借牛非借人也，以致貽笑大方。

〈青盲〉

　　一青盲人涉訟，自訴眼瞎。官曰：「一雙青白眼，如何詐瞎？」答曰：「老爺看小人是清白的，小人看老爺是糊塗的。」

說明

　　以此諷官老爺是糊塗的。

〈腹中無物〉

　　一士屢科不利，其妻素患難產，謂夫曰：「中這一節，

與生產一般艱難。」士曰：「你卻是有在肚裡，我卻無在肚裡。」

腹中無物，難怪屢科不第。

〈做屁〉

一秀才死見冥王，自陳[56]文才甚敏，王偶撒一屁，士即進前詞云云。王喜，命延壽一年。至期死，復詣王。適王退朝，鬼卒報有秀才求見，王問何人，鬼卒曰：「就是那做屁文字的秀才。」

諷刺做屁秀才之阿諛冥王。

〈讀破句〉

冥王惡世多庸師，不識句讀，誤人子弟，乃私行訪之。聞有教大學序者，念曰：「大學之，書古之，大學所以教人之。」即令鬼卒勾來，責之曰「汝何甚愛『之』」字？我罰你做一個豬。」其人臨行曰：「做豬所不敢辭，願判生南方。」王問其故，對曰：「南方之豬，強於北方之豬。」

56　自陳：自己陳述、自我表白。

說明

　　諷刺庸師，不識句讀，將「大學之書，古之大學，所以教人」讀成「大學之，書古之，大學所以教人之。」，而冥王亦以「之」讀破成「豬」，逐判生為豬，二人半斤八兩，宜乎其同也。

〈遇偷〉

　　一貧士素好鋪張，偷兒夜襲之，空如也，罵而去，士摸床頭數錢追贈之，囑曰：「君此來雖極怠慢，然人前萬望包荒[57]。」

說明

　　小偷闖空門，偷不到物品，大罵而去，貧士自覺顏面掛不住，猶追贈數錢，請小偷多多包涵。諷刺貧士好面子若此。

〈風水〉

　　有酷信風水者，動輒問陰陽家[58]。一日，偶坐牆下，忽牆倒被壓，亟呼救命。家人輩曰：「且忍著，待我去問陰陽先生，今日可動土否？」

說明

　　命在須臾，猶問是否可扶牆而起，用以諷刺迷信風水之人。

57　包荒：意即包涵。
58　陰陽家：指通曉四時、八位、十二度、擇日、占星、五德終始之術者。

〈鰕食〉

和尚私買鰕[59]食，鰕在鍋裡亂跳，乃合掌低聲，向鰕曰：「阿彌佗佛，耐心，少時紅熟，便不疼了。」

説明

諷刺和尚本應齋食，竟然買鰕而食，猶假仁假義的説煮熟便不疼了。

〈中人〉

玉帝修凌霄殿，偶乏用[60]，欲將廣寒宮典與人皇[61]。因思中人[62]亦得一皇帝方好，乃請灶君下界議價。既見朝，朝中訝之曰：「天庭所遣中人，何黑如此？」灶君笑曰：「天下那有中人是白的？」

説明

嘲諷中人皆是黑心之人。

〈問令尊〉

一人遠出，囑其子曰：「如有人問你令尊[63]，可對以小事出外，請進拜茶。」又以其呆，恐忘也，書紙付之。子

59　鰕：即蝦子。
60　乏用：指錢財匱乏。
61　典於人皇：典當給人間的皇帝。
62　中人：舊時在兩方做見證或調解之人。
63　令尊：尊稱對方的父親。

置袖中，時取看，至第三日，無人來問，以此紙無用，付之燈火。第四日忽有客至，問令尊，亂袖中紙不得，因對曰：「沒了。」客驚曰：「幾時沒的？」對曰：「昨夜燒了。」

說明

呆子以紙燒了回應所問，巧問妙答，絕妙。

〈不請客〉

一人性極吝，從不請客。一日，鄰人借其家設宴。有見者，問其僕曰：「汝家主今請客乎？」僕曰：「要我家主請客，直待那一世來。」主人聞而罵之曰：「誰要你許他日子。」

說明

嘲諷吝嗇之人，連未知之日皆不可許。

〈猴〉

一猴死見冥王，求轉人身。王曰：「既欲做人，則需將毛盡拔去。」即喚夜叉拔之。方拔一根，猴不勝痛叫。王笑曰：「看你一毛不拔，如何做人？」

說明

嘲諷一毛不拔之人。

〈合種田〉

有兄弟合種田，禾既熟，議分之。兄謂弟曰：「我取上截，你取下截。」弟訝其不平。兄曰：「不難，待明年你取上，我取下，可也。」至次年，弟催兄下穀種。兄曰：「今年種了芋芿[64]罷。」

說明

兄長佔盡便宜，弟弟猶渾然未知。

〈孝媳〉

一翁曰：「我家有三媳婦，俱極孝順。大媳婦怕我口淡，見我進門就增鹽（增嫌）了。次媳婦怕我寂寞，時常打竹筒鼓與我聽。第三媳婦更孝，聞説『夜飯少吃口，活到九十九。』故暮飯就不與我吃。」

說明

老翁以輕鬆口吻嘲諷三媳之不孝。

〈搶婚〉

有婚家，女富男貧。男家恐其賴婚也，擇日率男搶女，誤背小姨以出。女家人追呼曰：「搶差了[65]。」小姨在背上曰：「莫聽他，不差不差，快走。」

64　芋芿：芋頭。
65　搶差：搶錯人了。

説明

女子思嫁若斯。

〈糕〉

有叫賣糕者，聲甚啞。人問其故，曰：「我餓耳。」問：「既餓，何不食糕？」曰：「是餿的。」

説明

既是餿糕，何能賣人。己所不欲，勿施於人。

〈跌〉

一人偶仆地，方起復跌，乃曰：「早知還有一跌，不起來也罷了。」

説明

不思行走穩健，還怪還有一跌。

二、江盈科編・《雪濤諧史》

江盈科（1553年—1605年），字進之，號淥蘿，明湖廣桃源（湖南桃源縣）人，萬曆進士，凡所著作，皆標以「雪濤」二字，有《雪濤諧史》、《雪濤小說》、《雪濤閣四小書》等。文學與公安派三袁同樣主張獨抒性靈，反對復古。

《雪濤諧史》為明人江盈科所編，共一百五十二則，不分卷不分類，以記載趣聞軼事為主，前有冰華居士之序，可知江氏編書意圖。冰華居士題〈諧史引〉云：善乎李君實先生之言曰：「孔父大聖，不廢莞薾，武公抑畏，猶資善謔。」意在鬱陶不開，何妨一弛。

〈寫眞〉

一丹青家，以寫真[66]為業，然其術不工。一日，為其親兄寫一像，自謂逼真，懸之通衢，欲以為招。鄰人見之，爭相問曰：「此伊誰像？」未有目為伊兄者。或一人題于上，嘲之曰：「不會傳真莫作真，寫兄端不似兄形；自家骨肉尚如此，何況區區[67]末路人。」見者無不發笑。

> **說明**
>
> 連自家兄長皆無法肖其像，何況他人乎？嘲寫真不真。

〈酒薄〉

有賣酒者，夜半或持錢來沽酒，叩門不開，曰：「但從門縫投進錢來。」沽者曰：「酒從何出？」酒保曰：「也從門縫遞出。」沽者笑，酒保曰：「不取笑，我這酒兒薄薄的。」

> **說明**
>
> 嘲諷酒薄。

〈善騙〉

少年在樓下，會樓上一貴人，呼曰：「人道爾善騙，騙我下來。」少年曰：「相公在樓上，斷不敢騙；若在樓

66　寫真：摹畫人物的肖像。
67　區區：少。

下，小人便有計騙將上去。」貴人果下，曰：「何得騙上？」少年曰：「本為騙下來，不煩再計。」

果真善騙。

〈情願做小妾〉

有悍妻者，頗知書。其夫謀納妾，乃曰：「于傳有之，齊人有一妻一妾。」妻曰：「若爾，則我更納一夫。」其夫曰：「傳有之乎？」妻答曰：「河南程氏兩夫。」夫大笑，無以難。又一妻，悍而狡，夫每言及納妾，輒曰：「爾家貧，安所得金買妾？若有金，唯命。」夫乃從人稱貸得金，告其妻曰：「金在，請納妾。」妻遂持其金納袖中，拜曰：「我今情願做小罷，這金便可買我。」

一舉兩得，既得納金，亦為小妾，使丈夫不得納妾。

〈笨夫〉

有痴夫者，其妻與人私，一日，撞遇奸夫于室，跳窗逸去，止奪其鞋一只，用以枕頭，曰：「平明往質[68]于官。」妻趁其熟睡，即以夫所著鞋易之。明日，夫起，

68　質：對質。

細視其鞋，乃己鞋也，因謝妻曰：「我錯怪了你，昨日跳出窗的，原來就是我。」

說明

傻夫被誑不知。

〈嘲謔者〉

蜀中有吳坤齋者，善謔。其鄰人構新居落成，吳往賀之，嘆曰：「這房屋做得妙。」蓋含廟宇意也。主人曰：「只堪作公家廁房耳。」坤齋曰：「何至於此？」主人曰：「不是廁房，為何公入門便放屁？」坤齋默然。

說明

吳坤齋嘲新居如廟，主人不甘示弱，便反譏其入門便說些屁話。

〈慳術〉

有作謔譏性慳者，其語不一而足，姑舉其概。一人已習慳術，猶謂未足，乃從師學其術。往見之，但用紙剪魚，盛水一瓶，故名曰酒，為學贄禮。偶值慳師外出，惟妻在家，知其來學之意，並所執贄儀，乃使一婢用空盞傳出曰：「請茶。」實無茶也。又以兩手作一圈曰：「請餅。」如是而已。學慳者既出，慳師乃歸，其妻悉述其事以告。慳師作色曰：「何乃費此厚款？」隨用手作半圈樣曰：「只這半邊餅，彀打發他。」大都此四語者，一步深一步，蓋若近日時文求深之意也。

說明

慳吝一層深於一層，師勝於妻，妻勝於婢，婢勝於學慳術者。

〈懼內〉

吳中祀神，左大士，右梓潼君。山東人專祀碧霞元君。一山東官長笑吳人曰：「你吳中懼內，只看神位，奶奶卻在左邊，老爹卻在右邊。」吳人答曰：「這個還不要緊，看你山東神位，只見奶奶，幾曾見老爹？」

說明

吳人祀神左有觀音大士，右有梓潼君，山東人嘲其懼內，殊不知山東人只祀碧霞元君，未見男神，豈不更甚。嘲人者，終被嘲。

〈三上文章〉

一儒生，每作惡文字[69]謁先輩。一先輩評其文曰：「昔歐陽公作文，自言多從三上得來，子文絕似歐陽第三上得者。」儒生極喜。友人見曰：「某公嘲爾。」儒生曰：「比我歐陽，何得云嘲？」答曰：「歐陽公三上，謂枕上、馬上、廁上；第三上，指廁也。」儒生方悟。

說明

儒生自以為第三上者，為絕佳文章，殊不知第三上乃指廁上所寫的文章，蓋拙劣不堪也。

---

[69] 惡文字：指文章拙劣。

〈肚裡書〉

司徒沅沖張老師，嘗笑謂余曰：「別人架上書，都安置肚子裡，我們肚裡書，都寄閣在架上。」蓋謙言懶記書也。然語正好笑。

說明

自謙不學，腹中無書也。

〈作壽〉

一士人家貧，欲與其友上壽，無從得酒，但持水一瓶，稱觴時，謂友人曰：「請以歇後語為壽，曰：『君子之交淡如。』」友應聲曰：「醉翁之意不在。」

說明

以水為酒，符應「君子之交淡如水」、「醉翁之意不在酒」。

〈剃眉〉

有惡少，值歲畢時，無錢過歲。妻方問計，惡少曰：「我自有處。」適見篦頭者[70]過其門，喚入梳篦，且曰：「為我剃去眉毛。」才剃一邊，輒大嚷曰：「從來篦頭，有損人眉宇者乎？」欲扭赴官。篦者懼怕，願

---

[70] 篦頭者：專司梳頭、剪髮之人。

以三百錢賠情，惡少受而卒歲。妻見眉去一留一，曰：
「曷若都剃去好看。」惡少答曰：「你沒算計了，這一
邊眉毛，留過元宵節。」

說明

留一邊眉毛，預作元宵節再誆篦頭者。

〈我亦無忌〉

李空同督學江石，有一生偶與同名，當唱名時，公曰：
「爾安得同我名？」出對試之，曰：「藺相如，司馬相
如名相如，實不相如。」生對曰：「魏無忌，長孫無
忌，人無忌，我亦無忌。」李亦稱善。

說明

對仗工妙。

三、江盈科‧《雪濤小說》

江盈科，同前。

《雪濤小說》與《雪濤諧史》皆江盈科所編寫。《雪濤小說》有
十四則，文字較長，內含膾炙人口之笑話，茲以清陶珽編纂《續說
郛》拆而錄之。

〈任事‧病瘡〉

蓋聞里中有病腳瘡者，病不可忍，謂家中曰：「爾為我
鑿壁為穴，穴成，伸腳穴中，入鄰家尺許，家人曰：
「此何意？」答曰：「憑他去鄰家痛，無與我事。」

〈任事·外科〉

有醫者善外科，一裨將陣回，中流矢，深入膜內，延使治，乃持并州剪剪去矢管，跪而請謝。裨將曰：「簇在膜內，須亟治。」醫曰：「此內科事，不意並責我。」

〈催科·醫駝〉

昔有醫人，自媒能治駝背，曰：「如弓者、如蝦者、如曲環者，延吾治，可朝治而夕如矢。」一人信焉，而使治駝，乃索板二片，以一置地下，臥駝者其上，又以一壓焉，而即躧焉，駝者隨直，亦復隨死。其子欲鳴諸官，醫人曰：「我業治駝，但管人直，那管人死？」

〈知無涯·薑生於樹〉

楚人有生而不識薑者，曰：「此從樹上結成。」或曰：「從土裡生成。」其人固執己見曰：「請與子以十人為質，以所乘驢為賭。」已而遍問十人皆曰：「土裡出也。」其人啞然失色曰：「驢則付汝[71]，薑還樹生。」

〈知無涯·菱生於山〉

北人生而有不識菱者，仕於南方，席上啖菱，併殼入口，或曰：「啖菱須去殼」其人自護所短曰：「我非不知併殼者，欲以清熱也。」問者曰：「北土亦有此物否？」答曰：「前山後山，何地不有？」

71　驢則付汝：意謂驢子送你。此指楚人還是堅持薑是生長在樹上的。

三、郁履行．《謔浪》

　　郁履行，生平不詳。

　　《謔浪》凡四卷共九百二十則，爲明郁履行編輯，今有明萬曆刊本，本書據楊家駱《中國笑話書》輯入數則。

〈五百〉

　　馮道、和凝，同在中書。一日和問馮曰：「公靴新買，其直幾何？」馮舉左足曰：「五百。」和性褊急，顧吏責曰：「吾靴何用一千？」馮徐舉其右曰：「此亦五百。」

〈打油詩〉

　　唐人有張打油，作雪詩云：「江山一籠統，井上黑窟窿；黃狗身上白，白狗身上腫。」

說明

　　打油詩，突梯滑稽。

〈何地可容〉

　　王介甫為相，大講天下水利。一人獻策曰：「決梁山泊八百里以為田，其利大矣。」介甫喜甚，沈思曰：「何地可容？」適劉貢父在座，戲曰：「旁鑿八百里容之。」介甫大笑。

〈錢眼裡坐〉

紹興時，張循王最好錢。一日內宴，上命優人扮作善天文者云：「世間貴人，必應天象，用渾天儀窺之，但見星，不見人；今可用一銅錢代。」令窺上，曰：「帝星也，」秦師垣，曰：「相星也。」韓蘄王，曰：「將星也」張循王，曰：「不見星。」眾駭，再令窺之，曰：「終不見星，只見張循王在錢眼裡坐。」上大笑。

二四、趙南星・《笑贊》

趙南星（1550年—1627年）字夢白，號儕鶴、清都散客，高邑人（今河北高邑縣），萬曆二年（1574年）進士，年七十八歲，天啓年間官至吏部尚書，爲東林黨人，因忤魏忠賢等人，充軍代州，死於代州，崇禎時諡號「忠毅」。撰有《學庸正說》、《史韻》、《芳茹園樂府》等。

《笑贊》爲明人趙南星所編錄，凡七十二則，不分卷數，亦不另立篇目，編寫方式，乃先錄一笑話，再以「贊」指出笑話本意，或抒發己見，或深化哲理，或借題發揮，不一而足，與潘游龍《笑禪錄》在形式上皆迥異一般笑話書。前有〈題詞〉，其云：「書傳之所紀，目前之所見，不乏可笑者，世所傳笑談，乃其影子耳。時或憶及，爲之解頤，此孤居無悶之一助也。然亦可以談名理，可以通世故，染翰舒文者，能知其解，其爲機鋒之助，良非淺鮮。漫錄七十二則，各爲之贊，名《笑贊》云。」，明刊本有《趙南星全集》。

〈打是不打〉

有士入寺中，眾僧皆起，一僧獨坐，士人曰：「何以不起？」僧曰：「起是不起，不起是起。」士人以禪杖打

其頭，僧曰：「何必打我？」士人曰：「不打是打，打
是不打。」

贊曰：此僧之論，其于禪機深矣，而不能忍禪杖之痛。
近日士子作文，皆拾此僧之唾，以為文章三昧，主司皆
宜黜之，告以黜是不黜，不黜是黜也。

說明

只會參話頭，卻不懂箇中三昧。

〈試官刷〉

宋歐陽修做考試官，得舉子劉煇卷云：「天地軋，萬物
茁，聖人發。」歐陽修以朱筆橫抹之，士人增做四句
曰：「試官刷。」

贊曰：俗云「文章中試官」，非虛言也，劉煇之卷，如
遇愛者，即古今之奇作也。近時一貴人批韓文云：「退
之不甚讀書，作文亦欠用心。」以其無軋茁語也。愛瘦
瘤者以細頸為醜，文章何常之有。雖然永叔名人，其所
刷者，或亦有見也。

說明

文章愛憎各有不同。

〈做屁文章〉

一秀才數盡，去見閻王，閻王偶放一屁，秀才及獻屁頌
一篇曰：「高竦金臀，弘宜寶氣，依稀乎絲竹之音，彷
彿乎麝蘭之味，臣立下風，不勝馨香之至。」閻王大

喜，增壽十年，即時放回陽間。十年限滿，再見閻王。
這秀才志氣舒展，望森羅殿搖擺而上，閻王問是何人，
小鬼說道：「是那做屁文章的秀才。」

贊曰：此秀才聞屁獻諂，苟延性命，亦無恥之甚矣，猶
勝唐時郭霸以嘗糞而求富貴，所謂遺臭萬年者也。

說明

嘲做屁文章之秀才。

〈我在何處〉

一和尚犯罪，一人解之，夜宿旅店，和尚酤酒勸其人爛
醉，乃削其髮而逃。其人酒醒，繞屋尋和尚不得，摩
其頭則無髮矣，乃大叫曰：「和尚倒在，我卻何處去
了。」

贊曰：世間人大率悠悠忽忽，忘卻自己是誰，這解和尚
的就是一個，其飲酒時更不必言矣，及至頭上無髮，剛
才知是自己卻又成了和尚。行屍走肉，絕無本性，當人
深可憐憫。

〈懼內〉

一人被其妻毆打，無奈鑽在床下，其妻曰：「快出
來。」其人曰：「丈夫說不出去，定不出去。」

贊曰：每聞懼內者，望見婦人，骨解形銷，如蛇聞鶴
叫，軟做一條。此人仍能鑽入床下，又敢于不出，豈不
誠大丈夫哉。

〈尊奉三教〉

一人遵奉三教，塑像先孔子，次老子，次釋迦。道士見之，即移老君于中。僧來又移釋迦于中。士來仍移孔子于中。三聖自相謂曰：「我們自好好的，卻被人搬來搬去，搬得我們壞了。」

贊曰：三個聖人都有徒弟，各尊其師，誰肯相讓，原來一處坐不的。孔子有個徒弟性管，卻抵死要讓釋迦首坐，與他人師弟之情迥別。

〈欺善怕惡〉

鄉村路口，有一神廟，乃是木雕之像。一人行路，因遇水溝，就將此神放倒，踏著過水。後有一人看見，心內不忍，將神扶在座上。此神說他不供香火，登時就降他頭痛之災，判官小鬼都稟道：「踏著大王過水的倒沒事，扶起來的倒降災，何也。」這神說：「你不知道，只是善人好欺負。」

贊曰：此神慮的甚是，踏神過水，是何等凶猛，惹下他，甚事不做出來。善人有病，只是禱告神祇。但不合輕扶神像，攬禍招災；只該遠遠走去。所以孔子說：「敬鬼神而遠之」也。

〈顏回買德〉

一富家生員，賄買師長，得列德行受賞，有鄉紳謂之曰：「是人說顏子窮，他有負郭田三十頃，如何得窮？只是後來窮了。」其人不省，請教，曰：「也只為賣這

田，買了德行。」

贊曰：賄買教官，能費幾何？德行生員，能賞幾何？世間天大來德行，都用錢買，這些窮措大何足言也。

〈誤睡〉

兄弟兩人攢錢買了一雙靴，其兄常穿之，其弟不肯空出錢，待其兄夜間睡了，卻穿上到處行走，遂將靴穿爛；其兄說：「我們再將出錢來買靴。」其弟曰：「買靴誤了睡。」

贊曰：此人能讓其兄，而不能空出錢，由孔方亦是家兄也。

〈捲地皮〉

王知訓帥宣州，入覲，賜宴，伶人戲作一神，或問何人，答言：「吾是宣州土地。」問何故到此？答言：「王刺史入覲，和地皮卷來。」

贊曰：官州入覲，土地隨之，非常事也，而獨言宣州，此乃與王知訓有仇者為之耳。

〈人笑瞽笑〉

一瞽者與眾人坐，眾有所見而笑，瞽者亦笑，眾問之曰：「何所見而笑？」瞽者曰：「你們所笑，定然不差。」

贊曰：瞽者之言，不為無見，即終身隨人笑可也。但強笑不樂耳，人豈可無目哉！然有目而事事隨人，人差亦差者顯亦不少。

〈誦經〉

唐三藏西天取經，到了雷音寺，師徒三人，見了佛。佛分付弟子管待了與他真經。迦葉長者，苦苦索要常例。唐三藏無奈，只得將唐天子賜的紫金缽盂與了他。豬八戒好生不忿，回去稟稱：「迦葉長者索要常例，受了個金缽盂。」羞的長者臉皮皺了。佛説：「佛家弟子也要穿衣吃飯。向時舍衛國趙長者請眾弟子下山，將此經誦了一遍，討得了三斗三升麥粒黃金；你那缽盂，有多少金子也在話下。」説的個豬八戒好似箭穿了雁嘴，惱恨恨的走出來，説道：「遂日家要見活佛，原來也是要錢的。」唐三藏説：「徒弟不要煩惱，我們回去，少不得也替人家誦經。」

贊曰：列宿之中有天錢星。道書言：「牽牛娶織女，借天帝錢二萬，久不還，被驅在營室。」天也愛錢，況于人乎？佛果無誑語也。

二五、池上餐華生・《詩笑》

池上餐華生，未知何許人也。

《詩笑》輯入《續修四庫全書》子部小說類，題爲池上餐華生輯，凡上下二卷，是一本輯錄唐代以降之諧趣詩歌的專集，以錄詩爲主，上卷錄三言、四言、五言、六言、七言之絕句凡一百二十章，附聯句二十三章，下卷錄五七言律詩、古風及雜體詞賦凡八十八章。每一章名之下題作者或出處，每一章之後，皆有眉批。

〈卷上・迂公作・牛〉

牛也一草包，既蠻亦復臭，兩角如紗帽，橫行當白晝。

眉批：生來不讀半行書，卻把黃金買身貴，即是此牛。

〈卷上・楊誠齋作・自贊〉

金紫不形眼底，雌黃不出口中，只有一罪不赦，唐突明月清風。

眉批：口氣都似取供，何也。

〈卷上・皮日休作・龜〉

硬骨殘形知幾秋，形骸終不是風流，頑皮死後鑽應遍，只為平生不出頭。

眉批：小有肥水，不怕這頭不出。

〈卷上・宋人作・嘲楊貢量田〉

量盡山田與水田，只留滄海與青天，如今那有閒洲渚，寄語沙鷗莫浪眠。

眉批：司天台山，量天尺安在？封疆不可量。

〈卷上・酬張太醫見嘲〉

才疏老子耽詩句，語不驚人韻不工，高貴先生休見哂，即為籤訣吉多凶。

眉批：籤訣有用。

〈卷上・感時生作・水災〉

雨聲不歇水頻增，虎隸催徵尚澆門，欲剝衣裳來換酒，
三年前已婦無裩。

眉批：鬻妻賣子何止婦無裩也。又詩云：「攜兒去賣對
兒哭，賣兒買米供饘粥，粥熟呼兒兒不來，渾身似食孩
兒肉。」其言可涕。

說明

　　似這等反應民生疾苦之詩，亦置於《詩笑》之中，欲以諧趣之筆
反襯悲苦之情。

〈卷上・醫者咏風〉

白波江上晝茫茫，落葉紛紛舞樹旁。鄰家有個張三老，
荊芥煎湯豁腎囊。

眉批：觸處見病，此人醫術必精。

〈卷上・風水人摸妻口號〉

密密層層一座山，兩峰高聳實非凡，中央好塊平陽地，
正穴原來在此間。

眉批：穴在人心不在山，心當作身。

〈卷上・吏醫儒道吉席聯句〉

每日排衙次第立，藥有溫涼寒燥濕，夜深娘子罷梳妝，
太上老君急急急。

眉批：應是掌禮人不在。

〈卷上·閔生作·題飯店〉

早行夜宿不勝忙，到處氈鋪鼈虱床，更苦盤餐無別味，
驢騾馬糞一齊香。

眉批：孔老轍環，沽酒市脯，不知何由而不食。

〈卷下·王雅宜作·殘花入洞房〉

七十作新郎，殘花入洞房，娶猶新燕子，健知病鴛鴦，
戲水全無力，唧泥不上梁，空煩神女，為雨傍高唐。

坡云：侍者正當而立歲，先生已是古稀年，猶之可也。
是何老騷折此嫩蕊，惜哉。

〈卷下·童痴集·近視〉

笑君雙眼忒希奇，子立身邊問是誰，日透瓦楞拿彈子，
月移花影拾柴枝，回看畫壁磨傷鼻，為鎖書廚夾住眉，
更有一般堪笑處，吹燈燒了嘴唇皮。

眉批：一雙青白眼，見事卻胡塗，又可若何。

〈卷下·笑林集·貧家婢〉

貧家一婢任驅馳，不說旁人怎得知？壁腳風多寒徹骨，
廚頭柴濕淚拋珠，籠糧娘子嫌湯冷，上學書生罵飯遲，打
掃房前猶未了，聲聲又喚抱孩兒。

眉批：丫頭歌曰：「前世裡弗修，罰在大人家裡做丫
頭，這丫頭畢竟更修不到。」

〈卷下・無出處・豬郎〉

骨瘦如柴露齒牙，生平心性只貪花。遍鄉錢谷皆歸主，
滿眼兒孫不叫爺。後屋了時前屋叫，東家牽罷過西家，
年年不結奸情事，鐵索麻繩莫怨嗟。

眉批：喫食打雜痾屎困，亦是兩腳豬郎耳。

〈卷下・甫里生・篦工自述〉

不比尋常遊手倫，從人頭上度青春。一經自守休言賤，
萬法皆通那怕貧。背後撮拖都是計，耳邊消息莫生嗔。
饒他怒髮衝冠者，到底人丘頭向我親。

眉批：真第一行生意，若兼脩腳，是為以羨補不足。

〈卷下・資諧錄・占便宜詩〉

我被蓋汝被，汝氈蓋我氈，汝若有錢相共使，我若無錢使
汝錢，上山時汝扶我腳，下山時我靠汝肩，有妻時俾我
睡，我有妻時我共眠，汝從此誓時，我死在汝後哉，違
此誓時，汝死在我先。

眉批：將世人腑臟和盤托出矣。

〈卷下・沈石田・傳神〉

我問你是誰，原來你是我。我本不認你，你卻要認我。
我少你不得，你倒少得我，荏苒光陰過幾年，只怕有你
沒了我。

眉批：楊君謙題扇云：「一竿竹，一笠簑，知是陸魯
望，知是張志知，醉醒張眼問人世，我是何人識得麼？

余曰：「要人識我，喜神必須留下，若識得真我，這形骸還是多時。」

〈卷下‧無出處‧打油詞嘲衙官貪酷〉

小衙門，大展開，鐵心腸，當堂擺。全憑一撞，撞撞敲打，纔有些取采。不怕他黑了天，有錢的進來，與你做個明白。

眉批：百姓們屁股是此輩銀礦，安得不敲。

〈卷下‧樗齋集‧題壁驛〉

東來的寫在墻兒上，西來的寫在墻兒上，南來的寫在墻兒上，北來的寫在墻兒上，兀的不氣殺人也麼哥，兀的不惱殺人也麼哥，我也寫在墻兒上。

眉批：如此著題題得妙，不知題後敢誰題。

〈卷下‧燕山婢‧嘲黑〉

老婢從來黑，生長烏衣國，膝廊立著但聞聲，炭室藏來不見色，臉被松烟燻，手是烏木刻，文房四寶我有名，一笏翰林風月真金墨。

眉批：不減康成家婢，字字媚豬可也。

二六、佚名‧《書笑》

《書笑》，將經典中的意義以諧擬、仿諧的方式輯成笑話，其後有眉批，以釋其意。未知何許人編輯而成，輯入《續修四庫全書》子部小說家類。

〈有此師母，只合開門授徒〉

講學者，以明德立義，及門學徒，拳拳服膺，發疑問難，無非明德，以至著衣喫飯，行住坐臥，皆是。一日值齋期，一學子問曰：「明德是葷是素？」眾駭，曰：「明德如何可以葷素論？」一點者曰：「應是素，然亦定不得」眾問何謂？曰：「朱夫子原曰：則有時而葷（昏）」。

眉批：明德二字，原有葷有素，聖人每言齋，明則明素也，德之為言得也，要得也，腥羶了些。

〈三十而立〉

魏博節度使韓蘭，性窳質，每對文士，不曉其說，心嘗恥之，乃名一孝廉講論語，翌日謂僚佐曰：「近方知古人淳樸，至三十方能行立。」聞者大笑。

眉批：不患無位，患所以立，古人所以四十而強仕。

〈煩惱自取〉

或問樊遲之名誰取？曰：「孔子。」樊噲之名誰所取？曰：「漢高祖」復問煩惱是誰所取？曰：「自取的」

眉批：樊遲窳，樊噲也不細，煩惱定是個懆人。

〈鳥獸之語〉

有能辨鳥獸及蟲語者，人問蛙之鳴為何？曰：「獨樂樂，與人樂樂，孰樂。」曰：「鳩之鳴為何？」曰：「觚不觚。」曰：「燕之鳴為何？」曰：「知之為知

之，不知為不知，是知也。」又問：「驢鳴犬吠為何？」曰：「各自說其鄉語耳」。

眉批：後世為禽言曰：「泥滑滑」曰：「行不得也哥哥」曰：「不如歸去」。」曰：「提壺」曰：「情急了」不一而足，豈知孔孟先有其譜。

〈王孫賈〉

凌某拜嚴介谿為父，人稱「嚴子陵」，復有縉紳王姓抱人子為孫，世對以為「王孫賈」。

〈管仲器小〉

藥有名管仲者，豬瘟食之則癒。一醫者聞鄰舍讀《論語》至管仲之器小哉，嘆曰：「孔子真大聖人，博物乃爾，彼何以便知管仲豬喫消災也。」

說明

小哉乃消災之諧音。

〈邦君樹塞門〉

一裁衣、一屠戶，共延師教其子。裁衣者聞讀：「貧而無諂，富而無驕」誤謂「裙而無藺，褲而無腰」曰：「此譏我也。」屠戶者聞讀「大車無輗，小車無軏」誤謂「大豬無皮，小豬無血」曰：「此譏我也。」各具狀訟之官，官閱其姓，一姓邦，一姓管，各以木針塞其糞門，或曰：「此何刑也？」官曰：「彼引經告狀，我引經斷獄：邦君樹塞門，管氏亦樹塞門。」

眉批：今之為龍陽者，不知姓邦管與否，今之文理不通者，不知樹塞門與否。

〈盜鐘〉

昔有一盜席者，一盜鐘者，決於主者，問，「盜席者以大辟，而釋盜鐘者」，人問其故，曰：「此引經斷獄也。《論語》不云：朝聞盜席（道夕）死可矣。夫子之盜鐘（道忠）恕而已矣。」

〈中魁〉

有以婦翁之力，得中魁選者，或為語嘲之曰：孔門弟子入試，臨揭曉，先報曰：「子張第十九」。人曰：「他一貌堂堂，果有好處」。又報：「子路第十三」。曰：「這麄人也，中得高，虧他那一陣氣魄」。又報：「顏淵第十二」，曰：「此聖門高足，屈了他些」。又報：「公冶長第五」。人駭曰：「這平時不見怎的，如何倒中正魁？」一人曰：「全虧他丈人之力耳。」平時不見怎的者，偏中得高，豈個個有婦翁？是聖人憨。生曰：「自有眜目聖人在。」

〈盡心告子〉

村學一童子讀《論語》完，父從肆中買《孟子》一部，求師釘之，師藏後二卷不釘，其父大嚷云：「〈盡心〉、〈告子〉何在？」師徐謂其父曰：「你家如何尊師重傳要盡心告子？」

〈只是貢〉

有譏貢生者，曰：「一師訓徒讀孟子，至人知之，亦囂囂，『囂』字俱讀作『貢』，或謂此字上下有四口，云：『何讀』？」貢師曰：「任他橫身是口也只是貢。」

貢士，一生吃著官廩而曰：「莫不善焉」。誰信又有將貢而中風者，友輩惜之，或謔云：「難道中亦如貢」亦妙。

七、潘游龍‧《笑禪錄》

　　潘游龍，松滋人，其生平不詳。除《笑禪錄》之外，另編有《精選古今詩餘醉》十五卷，選錄唐迄明代之詞作一千三百多首，而以宋明二代為多，依照作品題材編排，是明末卷帙龐大的詞選。

　　潘游龍之《笑禪錄》，輯入清陶珽編纂之《續說郛》第四十五卷，凡十八則，內容敘寫方式為三段式：舉、說、頌，「舉」乃以釋家經典開啟言簡意賅禪理之端；「說」是以笑話故事來闡發所要揭露的禪理，或所要佈示的道理，接著再以「頌」來闡發釋家義理。是一部以笑話的形式來寓寄禪理的書籍。

〈忙忙無主〉

舉：遵布衲浴佛，布衲曰：「這個從汝浴，還浴得那個麼。」遵曰：「把將那個來。」

說：一人途中肚飢，至一家誆飯吃曰：「我能補破針鼻子，但要些飯吃。」其家即與之飯，遍尋出許多破鼻子針來，吃飯畢請補之，其人曰：「拿那邊針鼻子來。」

頌曰：那個那個，快去尋取，有垢則浴，有破則補；若還尋不出來，我亦忙忙無主。

〈爾我原來是一身〉

舉：舍多那尊者將入鳩摩羅多舍，即時閉戶，祖良久扣其門，羅多曰：「此舍無人。」祖曰：「答無者誰。」

說：一秀才投宿于路傍人家，其家止一婦人，倚門答曰：「我家無人。」秀才曰：「你？」復曰：「我家無男人。」秀才曰：「我？」

頌曰：舍內分明有個人，無端答應自相親；叩門借宿非他也，爾我原來是一身。

〈本來無一物〉

舉：或問龍牙：「古人得個甚麼便休去？」牙曰：「如賊入空室。」

說：一盜夜挖入貧家，無物可取，因開門逕出，貧人從床上呼曰：「那漢子為我關上門去。」盜曰：「你怎麼這等懶，難怪你家一毫也沒有得。」貧人曰：「且不得我勤快只做倒與你偷」

頌曰：本來無一物，何事惹賊入，縱使多珍寶，劫去還空室。

六、馮夢龍編‧《古今譚概》

　　馮夢龍（1574年—1646年），字猶龍、子龍、公魚、耳猶；號龍子猶、墨憨齋主人、姑蘇詞奴、顧曲散人、詹詹外史、無礙居

士、茂苑野史、綠天館主人、可一居士……等，吳縣（江蘇吳縣）人，明末貢生，曾任職訓導、知縣。馮氏傾一生心力著述與編撰各種文學，是中國第一位重視民間文學的文人，編話本小說三言：《警世通言》、《醒世恆言》、《喻世明言》，增補長篇小說《平妖傳》、《東周列國志》等，廣蒐民間歌集，有《掛枝兒》、《山歌》，亦廣編中國笑話書，有《笑府》、《廣笑府》、《古今譚概》、《雅謔》等。

　　《古今譚概》，是馮夢龍編纂而成，又名《古今笑》、《古今談概》，清人改爲《古笑史》（或稱笑史），共分三十六部：迂腐部、怪誕部、痴絕部、專愚部、謬誤部、無術部、苦海部、不韻部、癖嗜部、越情部、佻達部、矜嫚部、貧儉部、汰侈部、貪穢部、鷙忍部、容悅部、顏甲部、閨誡部、委蛻部、謠知部、儇弄部、機警部、酬嘲部、塞語部、雅浪部、文戲部、巧言部、談資部、微詞部、口碑部、靈跡部、荒唐部、妖異部、非族部、雜志部。每一部之始，先釋名彰義，例如迂腐部第一云：「子猶曰：天下事被豪爽人決裂者尚少，被迂腐人耽誤者最多。何也？……非敢爲邪爲謗也。集〈迂腐〉第一。」。每一則笑話之後有「評」和「評點」。「評」之內容大約有三，或爲編者馮氏自撰，或引前人成說置入，或將相同事例置入。「評點」爲袁嚢公（1592年—1674年）所評，袁氏原名爲袁韞玉、袁于令、又名晉，字令昭，一字嚢公，號籜庵、白賓、吉衣主人、幔亭過客等，江蘇吳縣人，是明末生員。[72]現刊行之版本，多留存「評」，置原文之後，遂不分，而評點則多不刊印。[73]

---

[72] 本部份說明根據劉德權校點之《古今譚概》（福州：海峽文藝出版社，1985.11）、〈前言〉，頁1-6。

[73] 今有由劉德權校點之《古今譚概》（福州：海峽文藝出版社，1985），仍列有「評」及「評點」二部份。

　　馮夢龍〈自敍〉云：「非謂認眞不如取笑也，古今來原無眞可認也。無眞可認，吾但有笑而已矣。無眞可認而強欲認眞，吾益有笑而已矣。」

　　梅之熲〈敍譚概〉云：「猶龍《譚概》成，梅子讀未終卷，嘆曰：「士君子得志則見諸行事，不得志則托諸空言。老氏云：『譚言微中，可以解紛。』然則譚何容易？不有學也不足譚，不有識也不能譚，不有膽也不敢譚，不有牢騷鬱積于中而無路發攄也亦不欲譚。夫羅古今于掌上，寄《春秋》于舌端；美可以代輿人之誦，而刺亦不違鄉校之公，此誠士君子不得志于時者之快事也。」

　　李漁在〈古今笑史序〉中指出：「是編之輯，出于馮子猶龍，其初名爲《譚概》，後人謂其網羅之事，盡屬詼諧，求爲正色而談者，百不得一，名爲《譚概》，而實則《笑府》，亦何渾樸其貌而艷冶其中乎？遂以《古今笑》易名，從時好也。……同一書也，始名《譚概》，而問者寥寥；易名《古今笑》，而雅俗並嗜，購之唯恨不早，是人情畏談而喜笑也明矣。」

　　《四庫全書總目提要》（卷一百三十二，子部四十二，雜家類存目九）云：是編分類匯輯，是以供談資，然體近俳偕，無關大雅。」

　　蓋馮夢龍所編之笑話書，三十六卷者，稱《古今譚概》、《笑史》、《古今笑》、《古笑史》、《古今談概》，而十三卷本者，稱《笑府》或《笑林廣記》，另外，相傳尚有《雅謔》、《廣笑府》二種。由於是編撰之笑話書籍，故與前人所編，或有重複。

　　另，有關於《笑林廣記》，市面上流傳三種版本，其一是馮夢龍的《笑府》，即十三卷本，其二是清人游戲主人所編，其三是程世爵所編，三書各有不同體例，馮氏與游戲主人之《笑林廣記》皆有分卷，馮氏爲十三卷本，游戲主人爲十二卷本，而程世爵則不分卷，凡一百四十九則。

〈迂腐部・第一・賢良相面〉

唐肅宗時，初詔賢良[74]，一徵君[75]首應[76]，上極喜。召對，無他詞，但再三瞻望上顏，遽奏曰：「微臣有所見，陛下知不？」上曰：「不知」，對曰：「臣見聖顏瘦於在靈武[77]時。」上曰：「宵旰[78]所致耳。」舉朝大笑。帝亦知其為妄人，恐塞賢路，乃除授一令[79]。

眉批：舉朝官員，還有不管皇帝肥瘦的，此賢良較勝；只怕作令後，反不管百姓肥瘦耳。

〈迂腐部・第一・心中有妓〉

兩程夫子[80]赴一士大夫宴，有妓侑觴[81]。伊川拂衣起[82]，明道盡歡而罷。次日，伊川過明道齋中，慍猶未解[83]。明道曰：「昨日座中有妓，吾心中卻無妓；今日齋中無妓，汝心中卻有妓。」伊川自謂不及。

74　詔賢良：指地方政府推薦賢良德行之士給朝廷。

75　徵君：對在野人士之美稱。

76　首應：首先響應政府徵聘。

77　靈武：原為唐朝郡名（今陝西靈武西南），此指安史之亂時，太子李亨（即肅宗）在靈武即位，並平定安史之亂。

78　宵旰：指皇帝勤於朝政，日夜勞碌。

79　除授一令：指皇帝授予一個官職。

80　兩程夫子：程顥（明道先生）、程頤（伊川）兄弟二人。

81　有妓侑觴：宴會中有歌舞妓陪酒。

82　拂衣起：生氣拂袖而去。

83　慍猶未解：仍有餘怒。

〈迂腐部·第一·萬物一體〉

一儒者譚萬物一體。忽有腐儒進曰：「設遇猛虎，此時何以一體？」又一腐儒解之曰：「有道之人，尚且降龍伏虎，即遇猛虎，必能騎在虎背，決不為虎所食。」周海門笑語之曰：「騎在虎背，還是兩體，定是食下虎肚，方是一體。」聞者大笑。

〈怪誕部·第二·曬腹書〉

郝隆七月七日出日中仰臥，人問其。答曰：「我曬書。」

東坡謂晨飲為「澆書」，李黃門謂午睡為「攤飯」。

〈苦海部·第七·采石詩〉

采石江頭，李太白墓在焉，往來詩人題咏殆遍。有客書一絕云：「采石江邊一抔土，李白詩名耀千古。來的去的寫兩行，魯班門前掉大斧。」

〈癖嗜部·第九·措大言志〉

東坡云：「有二措大相與言志。」一曰：「我平生不足，惟飯與睡耳。他日得志，當飽吃飯了便睡，睡了吃飯。」一云：「若我吃了又吃，何暇復睡？」

〈貪穢部·十五·東食西宿〉

風俗通云：「齊人有女，二家同往求之，東家子醜而富，西家子好而貧，父母不能決，使其女偏袒示意。女便兩袒，母問其故，答曰：『願東家食而西家宿。』」

〈文戲部・二十七・寫眞〉

姑蘇蔣思賢父子寫真，一日交寫，皆不肖。時人嘲之曰：「父寫子真真未像，子傳父像像非真。自家骨肉尚如此，何況區區陌路人！」

〈微詞部・三十・支解人〉

齊景公時，民有得罪者，公怒，縛至殿下，召左右支解之。晏子左手持頭，右手持刀而問曰：「古明主支解人從何支始？」景公離席曰：「縱之。」

〈微詞部・三十・半日閑〉

有貴人游僧舍，酒酣，誦唐人詩云：「因過竹院逢僧話，又得浮生半日閑。」僧聞而笑之，貴人問僧何笑，僧曰：「尊官得半日閑，老僧卻忙了三日。」

二九、馮夢龍編・《笑府》

　　馮夢龍（1574年—1646年），《蘇州府志》卷八十一〈人物〉云：「馮夢龍，字猶龍，才情跌宕，詩文藻麗，尤明經學。崇禎時，以貢選壽寧知縣。」，馮氏除了編《古今譚概》及《笑府》，相傳另有《雅謔》、《廣笑府》二書。見前書作者說明。

　　明、馮夢龍編《笑府》，又稱爲《笑林廣記》，共分爲十三類：古艷部、腐流部、世諱部、方術部、廣萃部、殊稟部、細娛部、刺俗部、閨風部、形體部、謬誤部、日用部、閨語部。馮夢龍〈笑府序〉云：「古今世界，一大笑府，我與若皆在其中，供人話柄。不話不成人，不笑不成話，不笑不話不成世界。」

　　周作人在〈苦茶庵笑話選序〉中指出《笑府》原有十三卷，後改編爲《笑林廣記》，原本遂不傳，後在中國及日本相繼發現《笑府》。

〈卷一・古豔部・江心賦〉

一暴富人，日夜慄賊。一日偕友游江心寺，壁間題《江心賦》，錯認賦字爲賊，驚欲走匿。友問故。答云：「江心賊在此！」友曰：「賦也，非賊也。」曰：「賦便賦了，終是有些賊形。」

〈卷一・古豔部・清福〉

一鬼托生時，冥王判作富人。鬼曰：「不願富也，但願一生衣食不缺，無是無非，燒香吃苦茶過日足矣。」王曰：「要銀子便再與你幾萬，這清福不許你享！」
一說鬼云云，王降座問曰：「有這等安閑受用的所在，千萬挈帶我去。」

〈卷二・腐流部・名讀書〉

車胤囊螢讀書，孫康映雪讀書。一日，康往拜胤，不遇，問何往，門者曰：「出外捉螢火蟲去了。」已而胤答拜康，見康閑立庭中，問何不讀書，康曰：「我看今日這天不像個下雪的。」

〈卷二‧腐流部‧作祭文〉

一人喪妻母，托館師作祭文，乃按古本誤抄祭妻文與之。其人怪問。館師曰：「此文是刊本定的，誰教他死錯了人？」

〈卷二‧腐流部‧晝寢〉

一師晝寐，及醒，謬言曰：「我乃夢周公也。」明晝，其徒效之，師以界方擊醒曰：「汝何得如此？」徒曰：「亦往見周公耳。」師曰：「周公何語？」答曰：「周公說：『昨日並不曾會尊師。』」

〈卷二‧腐流部‧川字〉

一蒙師只識一「川」字，見弟子呈書，欲尋「川」字教之，連揭數葉，無有也，忽見「三」字，乃指而罵曰：「我著處尋你不見，你倒臥在這裡！」

〈卷三‧世諱部‧遇偷〉

偷兒入一貧家，遍摸一無所有，乃唾地而去，貧漢于床上見之，喚曰：「可為我關了門去。」偷兒笑曰：「我且問你，關他做甚麼？」

〈卷四‧方術部‧身熱〉

小兒患身熱，服藥而死。其父詣醫家咎之，醫不信，自往驗視，撫兒屍，謂其父曰：「你太欺心，身子幸已涼矣。」

此與醫駝背用夾板者同。人但如此是笑話，不知執古方治病，頭痛醫頭，腳痛醫腳者，皆此類也。

〈卷四・方術部・學游水〉

一醫生醫壞人，為喪家所縛，夜自脫，赴水遁歸。見其子方讀《脈訣》，遽謂曰：「我兒讀書尚緩，還是學游水要緊。」

〈卷四・方術部・賠〉

一醫醫死人，即以己兒賠之。無何，醫死人僕，家只一僕，又以賠之。一夜，又有叩門者，云娘娘產裡病，煩看。醫私謂妻曰：「又看中你了。」

〈卷四・方術部・僵蠶〉

一醫甚無生理[84]，忽求藥者至，開箱取藥，中多蛀蟲。人問此何物，曰：「僵蠶。」又問：「僵蠶如何是活的？」曰：「吃我藥耳。」
只怕人吃了，倒做了僵蠶。

〈卷四・方術部・送藥〉

一醫遷居，謂鄰舍曰：「向來打攪，無物可將別敬，每位奉藥一帖。」鄰舍辭以無病，醫曰：「吃我藥起來，自然有病。」

---

[84] 生理：生意。

〈卷四‧方術部‧罵〉

病家請醫看，醫許以無事。費多金，竟不起。病家甚恨，遣僕往罵之，頃間便回。問曾罵否，曰：「不曾。」問：「何以不罵？」曰：「罵者太多，教我如何擠得上！」

〈卷四‧方術部‧願腳踢〉

樵人擔柴，誤觸醫士。醫怒，欲揮拳。樵跪曰：「寧受腳踢。」旁人訝之。樵曰：「經他手定是難活！」

〈卷四‧方術部‧方相〉

方相路遇醫人，扯住痛哭。旁人問曰：「為何如此悲切？」方相訴曰：「一言難盡，自彼行醫，使我日日不得安閑。」

〈卷五‧廣萃部‧鬼迷〉

一道士過王府基，為鬼所迷，賴行人救之，扶以歸。道士曰：「感君相救，有一驅邪符聊以奉謝。」

〈卷五‧廣萃部‧酒店〉

一人上酒店，見店中無客，喜其清淨。已而店主出，急取索縛客於柱。客訝曰：「賣酒飯吃，何為見縛？」店主曰：「我若乞火去時，怕你又走了。」

〈卷五・廣萃部・療貧〉

有慲貧者，或教之曰：「只求媒人足矣。」其人曰：「媒安能療貧乎？」答曰：「隨爾窮人家，經了媒人口，就發跡了。」

〈卷六・殊稟部・性急〉

一人性甚急，常謂妻曰：「世上若有更性急過我者，我必懊死。」一日，入麵店曰：「快取麵來。」麵主人持麵至，傾之桌上曰：「你胡亂吃罷，我要緊淨碗。」其人怒歸，對妻述之，曰：「我必死矣。」妻聞之，便往嫁人，逾一宿，後夫欲出之。婦曰：「我何罪？」後夫曰：「我怪你不養兒子。」

〈卷六・殊稟部・性懶〉

有性極懶者，臥而懶起。家人喚之吃飯，復懶應。良久，度其必餓，乃哀懇之。徐曰：「懶吃得。」家人曰：「不吃便死，這如何使得？」曰：「我亦懶活矣。」

舊話云：夫婦俱懶，約早上須靜臥，先開口者，罰燒麵湯。至午不起，鄰家訝其寂然，排闥入視。妻不覺曰：「戶開矣。」夫曰：「是你去燒麵湯。」

〈卷六・殊稟部・一字〉

父寫一字教幼兒。明日，兒在旁，父適抹桌，即以濕布畫桌上問兒，兒不識。父曰：「此吾昨所教汝一字也。」兒張目曰：「隔得一夜，如何大了許多？」

〈卷六・殊稟部・李三老〉

有持竹竿入城者，橫進之不得，直進之不得，截之，則又可惜也。正躊躇間，旁人曰：「十里外有李三老，智人也，盍與商之？」適三老騎驢而至，眾欣然往迎。見其坐于尻上，問云：「曷不坐中央？」曰：「韁繩長耳。」

〈卷六・殊稟部・倒臥〉

一人臥于橋，頭下腳上，見者笑其倒臥。答曰：「若是直臥，何不立了？」

〈卷六・殊稟部・認鞋〉

一婦夜與鄰人有私，夫適歸，鄰人逾窗而出。夫攫獲其鞋，罵妻不已。因枕鞋而臥，謂妻曰：「且待天明，認出此鞋，當與汝算帳。」妻乘其熟寐，以夫鞋易去之。夫晨起，復罵，妻使認鞋。既已見鞋，大悔曰：「我錯怪你了，原來昨夜跳窗的倒是我！」

〈卷六・殊稟部・呆婿〉

一婿有呆名，舅指門前楊芊問曰：「此物何用？」婿曰：「這樹大起來，車輪也做得。」舅曰：「人言婿呆，妄也。」及至廚下，見拈醬擂盆，曰：「這盆大起來，石臼也做得。」適岳母撒一屁，曰：「這屁大起來，霹靂也做得。」

〈卷六・殊稟部・賣饅頭〉

有賣饅頭者，女婿有點笨。岳父偶欲出外，因囑婿曰：「饅頭定須四分之一籠，若折本，不如自吃。」既而，買者紛然，但不肯依價，婿一一啖之。岳父歸查算，婿云：「亦有人來，因價不合，某依尊命，悉自吃。」岳父怒，以杖逐之。婿繞桌而走，翁見其愚態，不覺失笑。婿曰：「大人，你今方始悟耶？」

〈卷六・殊稟部・不知變通〉

父寫「一」字教幼兒。明日，兒在旁，父適抹桌，即以濕布畫桌上問兒，兒不識。父曰：「吾昨所教汝『一』字也。」兒張目曰：「隔得一夜，如何大了許多？」

〈卷八・刺俗部・不請客〉

一人性極吝，從不請客。一日，鄰人借其家設宴，有見者，問其僕曰：「汝家主今日請客乎？」僕曰：「要我家主請客，直待那一世來？」主人聞而罵曰：「誰要你許下日子！」

或云：那一世不知做牛做馬，且不要忙。余笑曰：「如此慳吝，只今世便與兒子做馬牛了。」

近移此嘲欠債者：妻回債家云：「要我家還清，再隔三百年。」夫歸知之，罵曰：「誰要你約他日子。」

〈卷八・刺俗部・指石爲金〉

一貧士遇故人于途，故人已得仙術矣。相勞苦畢，因指道旁一磚，成赤金，贈之。士嫌其少，更指一大石獅爲贈。士嫌未已，仙曰：「汝欲如何？」士曰：「願乞公此指。」有掘地得金羅漢一尊者，乃以手鑿其頭不已，問那十七尊何在。貪人無厭，大率如此。嘗聞一貧士有詩云：「要解心中悶，除非一塊金。方方三十丈，又要不空心。」

亦可笑。

〈卷八・刺俗部・萬姓〉

一富翁，世不識字。人勸以延師訓子。師至，始訓之執筆臨朱，書一畫則訓曰：「一」字，二畫則訓曰：「二」字，三畫則訓曰：「三」字。其子便欣然投筆，告父曰：「兒已都曉字，何煩師爲？」乃謝去之。逾時，父擬招所親萬姓者飲，令子晨起治狀。久之不成。父趣之，其子恙曰：「姓亦多矣，奈何偏姓萬，自朝至今，才完得五百餘畫。」

〈卷十一・謬誤部・看鏡〉

有出外生理者，妻囑回時須買牙梳，夫問其狀，妻指新月示之。夫貨畢將歸，忽憶妻語，因看月輪正滿，遂買一鏡回。妻照之，罵曰：「牙梳不買，如何反娶一妾？」母聞之，往勸忽見境，照云：「我兒有心費錢，如何娶個婆子？」遂至訐訟。官差往拘之，見鏡，慌

云：「如何就有捉違限的？」及審，置鏡于案，官照見，大怒云：「夫妻不和事，何必鄉宦來講？」

〈卷十二・日用部・糕〉

有叫賣糕者，聲甚啞，人問其故，曰：「我餓耳。」問：「既餓，何不食糕？」曰：「是餿的。」

二十、墨憨齋主人・《廣笑府》

《廣笑府》題為墨憨齋主人編集，分為十三卷，其類目如下所示：儒箴、官箴、九流、方外、口腹、風懷、貪吝、尚氣、偏駁、嘲謔、諷諫、形體、雜記。末附有「隱語」一類及謎語之屬。本書所據之版本為《笑府》所附之《廣笑府》（福州：海峽文藝出版社，1991年），所據之底本襟霞閣本，為1935年中央書店發行之《國學珍本文庫》叢書本。文末附有馮學於1988年撰寫之《廣笑府質疑二題》指出第一質疑乃行文風格及作者之疑，馮夢龍風格；第二質疑是對編纂者及成書時間之探疑，反對《廣笑府》非馮夢龍所編纂。今存而不論。

〈官箴・貪墨〉

一仕宦貪墨[85]甚，及去任，倉庫為之一空。民作德政云：「來時蕭索去時豐，官幣民財一掃空；只有江山移不去，臨行寫入畫圖中。」

---

[85] 貪墨：《左傳》昭公十四年記載，貪以敗官為「墨」，此指貪財好賄。

〈官箴‧衣食父母〉

優人扮一官到任，一百姓來告狀，其官與吏大喜曰：「好事來了。」連忙放下判筆，下廳深揖告狀者。隸人曰：「他是相公子民，有冤來告，望相公與他辦理，如何這等敬他？」官曰：「你不知道，來告狀的，便是我的衣食父母，如何不敬他？」

〈官箴‧三年混〉

新官赴任，間吏胥曰：「做官事體當如何？」吏曰：「一年要清，二年半清，三年便混。」官曰：「叫我如何熬得到三年！」

〈官箴‧吏人立誓〉

一吏人犯贓致罪，遇赦獲免，因自誓以後再接人錢財，手當生惡瘡。未久有一人訟者，饋鈔求勝。吏思立誓之故，難以手接，頃之時思曰：「你即如此殷勤，且權放在我靴筒裏。」

〈官箴‧下公文〉

有急足下緊急公文，官恐其遲也，撥一馬與之。其人逐馬而行，人問：「如此急事，何不乘馬？」曰：「六只腳走，豈不快于四只！」

〈官箴‧山人取釜〉

一地理人，為富家擇葬地，先期給曰：「某月某日開

壙，若有一人戴釜至其地，斯見剋應。」乃暗曰一人令其如期戴釜而來。其人聽其言，首頂一釜至葬所，顧眾問曰：「向者地理人令我戴釜到此，不知當安頓何處？」

〈貪吝・一錢莫救〉

一人性極鄙嗇，道遇溪水新漲，吝出渡錢，乃拚命涉水，至中流，水急沖倒，漂流半里許。其子在岸旁，覓舟救之。舟子索錢，一錢方往，子只出五文，斷價良久不定。其父垂死之際，回頭顧其子大呼曰：「我兒我兒，五分便救，一錢莫救！」

〈尚氣・性剛〉

有父子俱性剛不肯讓人者。一日，父留客飲，遣子入城市肉。子取肉回，將出城門，值一人對面而來，各不相讓，遂挺立良久。父尋至見之，謂子曰：「汝姑持肉回陪客飯，待我與他對立在此。」

〈嘲謔・賣弄〉

一親家新置一床，窮工極麗。自思好床，不使親家一見，枉自埋沒。乃假裝有病，僵臥床中，好使親家來望。那邊親家做得新褲一條，亦欲賣弄，聞病欣然往探。既至，以一足架起，故將衣服撩開，使褲出現在外，方問曰：「親翁所染何症，而清減至此？」病者曰：「小弟的賤恙，卻像親翁的尊病一般。」

〈形體・大眼〉

主人自食大魚，卻烹小魚供賓，誤遺大魚眼珠于盤，為客所覺。因戲言欲求魚種，歸蓄之池。主謙曰：「此小魚耳，有何足取？」客曰：「魚雖小，難得這雙大眼睛。」

〈雜記・判牛〉

二農家，畜牛相觸，致死一牛，因訟於官。為之判曰：「兩牛相觸，一死一生，死者同食，生者同耕。」又有畜鵝者，食鄰居曬穀，因被撲殺，鵝主訟於官，為之判曰：「鵝嘴如梭，吃穀不多，鵝主償穀，穀主償鵝。」

〈雜記・仙女下嫁〉

董永行孝，上帝命一仙女嫁之。眾仙女送行，皆囑付曰：「此去下方，若更有行孝者，千萬寄個信來。」

〈雜記・垛子助陣〉

一武官出征，將敗，忽有神兵助陣，反大勝。官叩頭請神姓名，神曰：「我是垛子。」官曰：「小將何德，敢勞垛子尊神見救？」答曰：「感汝平昔在教場，從不曾一箭傷我。」

二、馮夢龍・《笑林廣記》

　　馮夢龍，同前。

　　《笑林廣記》據馮夢龍所編的《笑史》重新編寫乃成新書，廣爲流傳，《笑府》則流傳不廣，是書以蒐錄舊傳笑話加以纂輯而成。

〈貪官〉

有農夫種茄不活，求計於老圃，老圃曰：「此不難，每茄樹下埋一文即活。」問其何故，答曰：「有錢者生，無錢者死。」

〈啓奏〉

一官被妻踏破紗帽，怒奏曰：「臣啓陛下：臣妻囉呢，昨日相爭，踏破臣的紗帽。」上傳旨曰：「卿須忍耐，皇后有些憊賴，與朕一言不合，平天冠打得粉碎，你的烏紗帽只算得個卵袋。」

〈識氣〉

一瞎子雙目不明，善能聞香識氣，有秀才尋一《西廂本》與他聞，曰：「《西廂記》。」「何以得知？」答曰：「有些脂問粉氣。」又尋《三國志》與他聞，曰：「《三國志》。」又問何以知之，答曰：「刀兵氣。」秀才以爲奇異，卻將自作的字樣文章與他聞，瞎子曰：「此是你的佳作。」問你怎知，答曰：「有些屁氣。」

〈湊不起〉

一士子赴試，艱於構思，諸生隨牌俱出，接考者侯久，甲僕問乙曰：「僕不知作文一篇，約有多少字。」乙曰：「想來不過五六百。」甲曰：「五六百字難道胸中

便沒有了，此時還不出來？」乙曰：「五六百字雖有在
肚裡，只是一時湊不起來耳。」

〈賠〉

一醫醫死人兒，即以己兒賠之。無何，醫死人僕，家止
一僕，又以賠之。一夜，又有叩門者，云娘娘產裡病煩
看，醫私謂妻曰：「又看中意你了。」

〈腳踢〉

樵人擔柴，誤觸醫士。醫怒，欲揮拳。樵夫曰：「寧受
腳踢，勿動尊手。」傍人奇之，樵曰：「腳踢未必就
死，經了他手定然難活。」

〈跳蚤藥〉

一人賣跳蚤藥，招牌上寫：「出賣上好蚤藥。」問何以
用法，答曰：「捉住跳蚤，以藥塗其嘴即死矣。」

〈直背〉

一瞎子、一矮子、一駝子，吃酒爭坐，各曰：「說得大
話的，便坐頭一位。」瞎子曰：「我目中無人，該我
坐。」矮子曰：「我不比常（長同音）人，該我坐。」
駝子曰：「不要爭，算來你們都是直背（姪輩同音），
自然該讓我坐。」

〈作揖〉

兩親家相遇于途，一性急、一性緩，性緩者長揖至地，口中謝曰：「新年拜節，奉擾元宵觀燈，又奉擾端午看龍船，中秋玩月，重陽賞菊；節節奉擾，未曾報德，愧不可言。」及説畢而起，已半晌矣。性急者苦其太煩，早先避去，性緩者視而不見，問人曰：「敝親家是幾時去的？」人曰：「看燈後就不見了，已去大半年矣。」

〈理舊恨〉

一怕婆者，婆既死，像懸于柜前，以拳擬之，忽風吹軸動，忙縮手大驚曰：「我是取笑作耍。」

〈藏年〉

一人娶一老妻，坐床時，見面多縐紋，因問曰：「汝有多少年紀？」婦曰：「四十五六。」夫曰：「婚書上寫三十八歲，依我看來還不止四十五六，可實對我説。」曰：「實五十四歲矣。」夫復再三詰之，只以前言對。上床後更不過心，乃巧生一計曰：「我要起來藏鹽，不然被老鼠吃去矣。」婦曰：「倒好笑，我活了六十八歲，並不聞老鼠會偷鹽吃。」

〈追薦〉

一僧追荐亡人，需銀三錢包送西方。有婦超度其夫者，送以低銀，僧遂念往東方；婦不悦，以低銀對，即算補之，改念西方，婦哭曰：「我的夫，只為幾分銀子，累你跑到東又跑到西，好不苦呀！」

〈笑話一擔〉

秀才年將七十，忽生一子，因有年紀而生，即名年紀，未幾又生一子，似可讀書者，命名學問；次年又生一子，笑曰：「如此老年還要生，此真笑話也。」因名曰「笑話」。三人年長，無事，俱命入山打柴。及歸，夫曰：「三子之柴孰多？」妻曰：「年紀是有一把，學問一些也無，笑話倒有一擔。」

〈看鏡〉

有出外生理者，妻要攜買梳子，囑其帶回。夫問其狀，妻指半月示之，夫貨畢，忽憶妻語。因看月輪正常，遂依樣買了鏡子一面帶歸；妻照之，罵曰：「梳子不買，如何娶了一妾回來？」兩下爭鬧，母歸之往勸，忽見鏡，照云：「我兒有心費錢，如何討個年老婆兒。」互相埋怨，遂至計訟。官差往拘之，差見鏡，慌云：「才得出牌，如何就出添差來捉違限？」及審，置鏡於案，官照見大怒云：「夫妻不和事，何必央請鄉官來講分上。」

〈掙大口〉

兩人好為大言，一人說：「敝鄉有一大人，頭頂天、腳踏地。」一人曰：「敝鄉有一人更大，上嘴唇觸著天，下嘴唇著地。」其人問曰：「他身子藏在那裡？」答曰：「我只見他掙得一張大口。」

三、醉月子・《精選雅笑》

醉月子，未知何人。

《精選雅笑》乃明代醉月子編輯《雅俗同觀》之一種，凡六十八則。有些附有眉批。

〈對子〉

學師出二字對曰「馬嘶」，徒對「牛屎」，師曰：「狗屁。」徒起而欲行，師曰：「你還未對，我還未改，如何就走。」徒曰：「吾對的是『牛屎』，先生改的是『狗屁』。」

〈風水〉

一人將死，命子於棺傍釘大銅環四枚，問云何？曰：「你們日後，少不得要聽風水先生，將我搬來搬去。」

〈劈柴〉

父子同劈柴，父執柯，誤傷子指。子罵曰：「老烏龜，汝瞎眼耶？」孫在傍見祖被罵，大不平，曰：「射娘賊，父親可是罵得的。」

眉批：屋檐水，點滴不差。正是，孝順還生孝順子，忤逆還生忤逆兒。

〈遷居〉

有中鄰於銅鐵匠者，日聞鍛擊聲，不堪忍聞，因浼人求其遷去，二匠從之。其人喜甚，設酒殽奉餞。餞畢，試

問何往，匠同聲對曰：「左邊遷在右邊，右邊的遷在左邊。」

眉批：左之右之，無不宜之，適得中立而不倚。

〈自說〉

蘇人相遇於途，一人問曰：「尊姓？」曰：「姓張。」又問：「尊號？」曰：「東橋。」又問：「尊居。」曰：「閶門外。」問者點頭曰：「是閶門外張東橋。」張駭曰：「公緣何曉得我？」問者曰：「方才都是你自說的。」

眉批：其實不曾增添，而波瀾自好。星相家用援法，只須如此。

〈腌魚〉

兄弟兩童盛飯，問父：「何物過飯？」父曰：「掛在灶上熏的腌魚，看一看，吃一口，就是。」忽小者嚷云：「哥哥多看了一看。」父曰：「鹹殺他罷。」

眉批：望梅堪止渴，望腌魚亦可以吃飯乎！

〈割股〉

有父病延醫者，醫曰：「病已無救，除非君孝心感格，割股可望愈耳。」子曰：「這卻不難。」遂抽刀以出，逢一人臥於門，因以刀割之。臥者驚起。子撫手曰：「不需喊，割股救親，天下美事。」

眉批：此子割他人之股救親，第知父可以生，而不管他人之死，亦是一點孝心，只欠良心耳。

〈樹菱〉

山中人至水鄉，於樹下閑坐，見地上遺一菱角，拾而食之，甘甚，遂扳樹遂枝搖看，既久，無所見，詫曰：「如此大樹，難道只生得一個。」

眉批：此時告以菱從水生，其人必不信，畢竟還望樹梢沉吟。

〈性急〉

性急人過麵店即亂嚷曰：「為何不拿麵來？」店主持麵至，傾之桌上曰：「你快吃，我要淨碗。」其人甚怒，歸謂妻曰：「我氣死了。」妻忙打包袱曰：「你死，我去嫁人。」及嫁過一宿，後夫欲出之，歸問故，曰：「怪你不養兒子。」

眉批：一個急一個，一個又急一個，這等人在世，急死無疑。

三、曹臣編・《舌華錄》

　　曹臣（1853年—？），字藎之，改字野臣，號文幾山人，明代安徽歙縣人。博學多聞，廣涉經史子集，生平流離窮愁。《舌華錄》乃仿南朝宋劉義慶《世說新語》編寫古今清言俊語為主，此一仿作明代另有何良俊《語林》、李紹文《皇明世說新語》、焦竑《玉堂叢語》等書。

　　《舌華錄》為明人曹臣所編纂，約成於萬曆四十三年，博採古今雋語、諧言、妙語凡有九卷十八類：慧語、名語、豪語、狂語、傲語、冷語、諧語、謔語、清語、韻語、俊語、諷語、譏語、憤語、辯

語、穎語、淺語、淒語。率皆妙語紛披，舌本生蓮。每一類之前，先釋其名義。例如〈慧語第一〉云：「吳苑曰：『佛氏戒定慧三等結智，慧爲了語，慧之義不大乎？慧之在舌機也，有狂智之別焉。狂之不別有智，如智之不識有狂也。是智者智，而狂者亦智，兩而別之，則金粟如來氏矣。如來氏取法，一芥可以言須彌，刹那可以稱萬劫。其中倒拈順舉，無不中道。即智者不白知，而狂者能耶。乃次慧語第一。』」其中篇目乃編者所加。所謂「舌華」即佛經「舌本蓮花」之意，即潘之恆序語：「舌根于心，言發爲華」之意。

〈卷一‧慧語第一‧不合時宜〉

東坡一日退朝，食罷，捫腹徐行，顧謂侍兒曰：「汝輩且道是中何物？」一婢曰遽曰：「都是文章。」坡不以為然。又一婢曰：「滿腹都是機械。」坡亦未以為當。至朝云：「學士一肚子不合時宜。」坡捧腹大笑。

〈卷一‧慧語第一‧眼熱〉

王守仁初封新建伯，入朝謝，戴冕服，有帛蔽耳，或戲曰：「先生耳冷耶？」王曰：「是先生眼熱。」

〈卷三‧諧語‧有勳〉

晉元帝皇子生，普賜群臣。殷洪橋曰：「皇子誕育，普天同慶，臣無勳焉，而猥頒厚賚。」中宗笑曰：「此事豈可使卿有勳耶？」

〈卷八‧穎語第十六‧貪泉〉

宋梁州范百年，因事謁明帝，帝言次及廣州貪泉，因問

之曰：「卿州復有此水不？」百年答曰：「梁州惟有文
川武鄉，廉泉讓水。」又問：「卿宅在何處？」曰：
「臣居在廉讓之間。」

〈卷九・澆語十七・無人可畫〉

倪雲林善山水，為一代名匠，獨不寫人物。太祖高皇帝
問曰：「每見卿山水俱無人，何也？」倪曰：「世自無
人物可畫耳。」

三、佚名・《笑海千金》

　　《笑海千金》為明代所輯之笑話書，作者不詳。今據楊家駱《中
國笑話書》輯入數則。

〈獨食〉

昔一人帶僕出外，每飲酒，不顧其僕。一日，人請飲
酒。僕人自將墨塗黑其口，立在主人身傍。主人見曰：
「這奴才好嘴。」僕人云：「只顧你的嘴，莫顧我的
嘴。」

〈笑老吏專權〉

昔有一官，鬚髮俱白。有一吏，鬚髮亦白。吏喚漆匠，
都將油黑。官問曰：「你的鬚，如何黑了？」吏曰：
「前日喚漆匠油黑。」官云：「我的也把油一油。」吏
曰：「只油得吏，怎油得官。」

〈血糞〉

有一新官上任，每名里長要一百擔大糞交官；有了九十九擔，只少一擔，即將覓菜煮去紅水，湊成一擔同交。官見曰：「此糞如何這等紅？」里長答曰：「肚裏無糞，都是努出的血來。」

〈話不投機〉

昔有富翁生三女：長女、次女俱適秀才，幼女只嫁常人。一日，富翁生辰，三婿齊來上壽。翁見長婿、次婿言談斯文，小婿村俗相齒。一日設席，翁曰：「今日卑老，無殽相陪，筵中不許胡言亂道。」酒行數巡，岳父舉箸請大婿請食。大婿欠身答云：「君子謀道不謀食。」翁大喜。酒至半酣，舉盞請次婿飲酒。次婿起居答曰：「惟酒無量，不及亂。」翁亦喜甚。岳母見夫只勸長婿、次婿二人酒食，遂乃舉杯酌酒，請小婿飲酒。小婿昂然欠身起謂岳母曰：「我和你酒逢知己千杯少。」翁怒罵曰：「這畜生如此假乖，說甚麼斯文？」小婿擲盞起曰：「我與你話不投機半句多。」

三五、佚名・《時尚笑談》

《時尚笑談》為明人所輯之笑話書，見《秋夜月》上卷附錄。

〈宰予晝寢〉

一師喜晝睡。弟子曰：「宰予晝寢之義何解？」師曰：「我不講，您怎得曉得？宰者，殺也；予者，我也；晝

者,畫時也;寢者,睡一覺也;合而言之;便殺我,定
要畫時睡一覺也。」

〈不憚煩〉

虞集未中時節,為許衡門客。虞有所私,嘗出館;許衡
輒往,不遇,即寫一簡帖云:「夜夜出游,知虞公之不
可諫。」虞即對云:「時時來擾,何許子之不憚煩。」

〈性急親家〉

兩親家,一性急,一性緩,相遇于途而揖。性緩者因揖
而謝禮意之厚,正月承親家如何?二月又承親家如何?
直數到十二月止,乃起,其親家已去矣;駭曰:「親家
幾時去了?」旁人曰:「正二月間就去了。」

〈沒飯吃〉

小兒啼,父問其故,曰:「餓了。」其父撫之曰:「我
的兒,你要甚吃,只管說來;隨你要龍肝鳳髓,皆拿來
你吃。」兒曰:「我都不要,只要飯吃。」父罵曰:
「只揀家中沒有的便要吃。」

〈看戲〉

有演《琵琶記》而插《關公斬貂蟬》,鄉人見之泣曰:
「好個孝順媳婦,辛苦一生,臨了被這紅臉蠻子殺
了。」

〈厚面皮〉

兩人相與語曰：「天下何物最硬？」曰：「鐵硬。」「一見火就洋了？焉得為硬？」曰：「然則何物？」曰：「莫如髭鬚。」曰：「髭鬚安得為硬？」曰：「若干的厚面皮都被他鑽了出來。」

〈看相〉

有一癡人出街，遇一相士，論人手足云：「男人手如綿，身邊有閑錢；婦人手如薑，財穀滿倉箱。」癡人聞言，拍掌大笑曰：「我的妻子手如薑也。」相士曰：「何以見之？」癡人曰：「昨日被他打了一下嘴巴，到今日還辣辣的。」

〈說大話〉

昔一人上京公幹，囑其僕曰：「途路之間，江湖鬧處，凡說家中事，務要大說些。」僕曰：「曉得。」又與一人同行，其人指水牛曰：「好大牛。」僕曰：「稀罕他，我家犬還要大些。」又指高樓曰：「好高樓。」僕曰：「稀罕他，我家馬房還更大些。」又指船曰：「好大船。」僕曰：「稀罕他，我家主母的鞋還更大些。」

〈嘲學官貪賕〉

昔一秀才，送鵝與學官，學官曰：「我受你的鵝，又無食與他吃，可不餓死？欲待不受，又失一節，如何是好？」秀才云：「請師父受下，餓死事小，失節事大。」

〈嘲不及第〉

昔一士人，帶僕挑行李上京赴試，忽被風吹落頭巾，僕曰：「帽落地。」士人囑曰：「今說落物，莫說落地，只說及地（第）。」僕如其言，將行李牢拴于擔上。士曰：「仔細收拾。」僕曰：「如今就走上天去，也不會及地（第）了。」

〈禁蚊子〉

昔人會禁蚊子，以符貼之，即無蚊蟲。一人將幾文錢買符一章，歸家，貼在壁上。其蚊蟲更多。其人往告賣符者，曰：「你家畢竟有不到處，待我往你家一看便知。」其人同歸看之，賣符者曰：「難怪，你家沒有帳子，要放在帳子裡才好。

二六、佚名‧《新刻華筵趣樂談笑酒令》

《新刻華筵趣樂談笑酒令》第四卷〈談笑門〉又名《博笑珠璣》，作者不詳。

〈假作慈悲〉

昔一人念佛，其數珠偶失于腥物中，被貓銜走。眾鼠見之，齊曰：「貓爺貓爺，如今慈悲假作慈悲了，想必不來害我等。」少頃，貓兒放下數珠，捕一大鼠食之。鼠嘆曰：「這樣慈悲人，若相交他，皮毛骨肉都被他吃盡了。」

〈嘲人慳吝〉

一呆人同妻到丈人家，丈人設席待之。席上有生柿子，呆人拿來連皮就吃。其妻在內窺見，怨嘆曰：「苦也，苦也。」呆人答曰：「苦倒不苦，只是有些兒澀。」

〈嘲富人為賊〉

昔一人出外為商，不識字。舡泊于江心寺邊，攜友游寺。見壁上寫「江心賦」三字，連忙走出喚舡家曰：「此處有『江心賊』，不可久停。」急忙下舡。其友之曰：「不要忙，此是『賦』不是『賊』。」其人搖頭答曰：「富便是富，有些『賊』形。」

〈嘲好酒人〉

昔一人好酒，夢見有一人送酒與他吃，嫌冷，教人拿去暖熱，不覺醒了，即悴云：「早知就醒了，何不吃些冷的也罷。」

〈草荐當被〉

一人號人草荐當被，其子痴呆，常直告人。其父教之曰：「但有問者，只說蓋被而已。」一旦早起，父出陪客，一草粘于鬚上，其子在旁呼曰：「父親父親，何不拂去鬚上一條被乎？」

〈刺道士〉

有一匠人，頗知書義，忽日道觀請去造作，自稱儒匠。

道士曰：「既稱儒匠，試汝一聯何如？」聯曰：「匠名儒匠：君子儒？小人儒？」匠對曰：「人號道人：餓鬼道？畜生道？」

〈嘲人說謊〉

昔有兩親家，男親家至富，請女親家到家，盡寶物獻出，問曰：「親家你家有無？」女親家曰：「你皆是死寶，何羨；我有二件活寶。」男親家曰：「何二件？」女親家曰：「有仙鶴與海馬。」男親家答曰：「我要借看，可否？」女親家遂約後日即來。相辭回家，不勝憂悶，其子問父親曰：「為何憂悶？」「我昨日對男親家面前說了兩句謊話，思想無計退他，故此憂悶。」其子曰：「何二件？」父曰：「我說有海馬一匹，仙鶴一隻。」子曰：「退此何難之有，等他來。」男親家果來，其子將神袍一領與父穿著，坐於堂上，男親家問曰：「令尊？」答曰：「家父有事往外去。」「親家約我來看海馬仙鶴。」子曰：「都不在家；海馬昨日被龍王借去游海，仙鶴被仙家跨去赴蟠桃宴。」親家曰：「堂上坐的是何神？」其子曰：「是我家說謊大王。」

〈嘲不識人〉

昔一女婿，癡蠢無能，妻教之曰：「吾家世傳二軸古畫，乃是『荒草渡頭韓幹馬』，『綠楊堤畔戴松牛』，你若見畫，以此二句稱贊之。」後至岳丈家，岳丈果將畫與婿觀看，婿將妻教之言羨之。岳丈歡悅。後又買十八學士畫一軸，召婿觀看好否，婿一展開觀之，乃

曰：「好一軸古畫：卻是『芳草渡頭韓幹馬，綠楊堤畔戴松牛。』」同觀者大笑。岳丈罵云：「你只識牛識馬，何曾識得人。」

〈譏學官秀才〉

昔一秀才，清明、端陽二節，俱不曾送學官節儀，直至七夕，送之太甚。學官云：「你前二節如何不送，此一節送之若是之盛？」秀才云：「此一節，乃總結上文兩節之意。」

〈譏怕老婆〉

昔一知縣，專畏奶奶。一日坐堂，忽聞公廨喧嚷，令皂隸去看，皂隸回報：「乃是兵房吏夫妻廝打。」知縣咬牙大怒曰：「若是我，若是我……」不覺奶奶在後堂聽得，高聲喝曰：「若是便如何？」知縣懼答曰：「是我時，便即下跪，看他如何下得手。」

第六章

清代時期

一、張貴勝・《遣愁集》

張貴勝，字晉侯，清吳門（江蘇）人。

《遣愁集》凡五十四門，所錄爲清前之典籍笑話，每一類下有小序，每則笑話之下有評語或眉批。《續修四庫全書提要》有錄。余榀序云：「上自軒黃，下迄近，蒐幽錄異，類輯節載，分其部署，釐其甲乙，以經史爲繪帛，以丘索墳典爲帷幙，以稗官野乘爲林藪，而以機杼獨運爲安宅。其指歸在激揚斯世，勸誡群迷，使者覺囈，醉者醒。」說明起迄及目的。篇名爲筆者所加。

〈羊踏菜園〉

齊人家貧，常食不過蔬茹。一日，有友餽以羊肉，啖之，腹中作響。夜夢五臟神謂曰：「今日被羊踏破菜園矣。」

〈大八字〉

有一術士謁王元美，座客爭叩吉凶。元美曰：「吾自曉大八字，不用若推算。」士問何爲大八字，元美曰：「我知人人都是要死的。」

〈驅遣草木〉

衛展在江州，有知舊投之，都不料理，唯餉王不留行一斤（藥名），此人晤，即命駕。甥李弘範聞之，曰：「家舅刻薄，乃復驅遣草木。」

〈傳神〉

吳中有蔣思賢者，父子俱業傳神。一日父子交寫，皆不

像，或嘲之曰：「父寫子真真未像，子傳父像像非真。
自家骨肉尚如此，何況區區陌路人。」

〈江南多好臣〉

齊遣使如魏，魏主甚重齊人，親與談論，顧侍臣李元凱
曰：「江南多好臣。」對曰：「一歲易一主。江北無好
臣，百歲易一主。」魏甚慚。

〈禿字〉

包山寺有僧天靈者，博學通文，機警辭口。一士嘲之
曰：「請問上人，禿字如何寫？」答曰：「敢告居士：
『將秀字掉轉尾來就是。』」

〈上達下達〉

達毅與王達同為郎官，偶簽公移，王戲曰：「每書銜
名，輒以公之上為我之下。」毅應曰：「書不云乎，君
子上達，小人下達？」

〈腹空容物〉

王丞相戲枕周伯仁膝，指其腹曰：「卿此中何所有？」
答曰：「此中實空渦無物，然能容公輩約可數百人。」

〈眇一目〉

聶大年眇一目。聘至京，有欲識之者，問童大章，笑答
曰：「何必識其人，彼但多一耳，少一目而已。」

二、趙吉士·《寄園寄所寄》

趙吉士，字天羽，號恆天，一作恆夫，安徽休寧人，順治辛卯舉人，官至給事中，康熙戊辰罷官，居宣武門西寄園。性喜作疊韻詩，有《疊韻千律》，又續作《千疊餘波》五百首。

《寄園寄所寄》卷十二《插菊寄》有〈話柄〉、〈笑譚〉二部份。趙吉士自序云：「寄園主人口：人生七情，如喜樂愛欲，皆藉以達之，笑亦何能一刻無者？願昂昂七尺，勞心苦思，徒供他人之笑具，獨不可耳。杜牧之云：『人世難逢開口笑，菊花須插滿頭歸。』余試作牧之，插滿頭花以博世人一噱。」意在博世一粲。

〈馬與盧合〉

焦閣老方面黑耳長如驢，嘗謂西涯曰：「君善相，煩一看。」李久之乃：「左相像馬尚書，右相像盧侍郎。」馬與盧合，乃一驢字。始知其戲。

〈殺人化人〉

一人盛談輪迴報應，甚無輕殺，凡一牛一豕，即作牛豕以償，至螻蟻亦罔不然。時許文穆曰：「莫如殺人。」眾問其故，曰：「那一世責償，猶得化人也。」

〈文獻世家〉

有孝廉為京官，顏以「文獻世家」于門。一夕，人以紙糊其兩頭字曰：「獻世」，孝廉怒，命僕罵于市，又一夕，糊其文字上一點，曰：「又獻世」，孝廉怒罵如前。則再糊其家字上一點，曰：「獻世冢。」

三、陳皋謨‧《笑倒》

陳皋謨，生平不詳，據該書刊印時間，知編者約爲清康熙時人。

《笑倒》題爲「咄咄夫原本，嗤嗤子增訂」，輯入清康熙年間刊印之《增訂一夕話新集》。因爲本書是輯錄之作，故多與其他笑話書有重出之處。內容有針砭時政者，有調笑眾生百態者，亦有嘲弄吝嗇愚痴等「喬腔種種，丑狀般般」之滑稽事態。「咄咄夫」何許人？據楊家駱考證，爲清人陳皋謨所編輯，因文末附有〈牛庵笑政〉一文，又收入〈檀几叢書餘集〉卷上，署名爲陳皋謨所撰，由此可知咄咄夫即是陳皋謨。

〈桌上無物〉

一人請客無肴，一舉箸即完矣。客曰：「有燈借一盞來。」主曰：「要燈何用？」客曰：「我桌上的東西，一些也看不見了。」

〈門生贄禮〉

一廣文之任，門人以錢五十文爲贄者，題刺曰：「謹具儀五十文，門生某人百頓首拜。」師書其刺而返之，曰：「減去五十拜，補足百文何如？」咄咄夫代生答曰：「情願一百五十拜，免了五十文更何如？」

〈同席不識〉

一客饞甚，每入座，輒饕餮[1]不已。一日，與人共席，自言會過一次，彼人曰：「并未謀面，想是老兄認錯

---

[1] 饕餮：貪吃。

了。」及上果菜後，啖者低頭大嚼，雙箸不停，彼人大悟曰：「是了，會便會過一次，因兄只顧吃菜，終席不曾抬頭，所以認不得尊容，莫怪莫怪。」

〈失鋤〉

夫田中歸，妻問鋤放何處，夫大聲曰：｜田裡。」妻曰：「輕說些，被人聽見，卻不取去？」因促之往看，無矣，忙歸，附妻耳云：「不見了。」

〈應賊〉

一賊挖入人家，其家收拾謹慎，無物可偷，賊出門罵曰：「有這等欺心人家，是件東西都藏過了。」主人應曰：「老兄也不見忠厚，開了門，就不替我關上去了。」

〈背客吃飯〉

有客在外，而主人潛入吃飯者，客大聲曰：「好一座廳堂，可惜許多梁柱，都蛀壞了。」主人忙出曰：「在那裡？」客曰：「他在裡面吃，外面如何知道？」

〈開門七件〉

妻好吃酒，屢索而夫不與，叱之曰：「開門七件事：柴、米、油、鹽、醬、醋、茶，何曾見個酒字？」妻曰：「酒是不曾開門就要用的，須是隔夜先買，如何放得在開門裡面？」

〈滿盤都是〉

客見座上無肴，乃作意謝主人，稱其太費。主人曰：「一些菜也沒有，何云太費？」客曰：「滿盤都是，為何還說沒有？」主人曰：「菜在那裡？」客指盤內曰：「這不是菜，難道是肉不成？」

〈賞曆〉

除夜遇送年禮至者，以舊曆勞之，僕曰：「恐無用了。」主曰：「我留在家也無用。」

〈湊不起〉

一士人赴試，作文艱于構思。其僕往詢于試門，見納卷而出者紛紛矣。日且暮，甲僕問乙僕曰：「不知作文一篇，約有多少字？」乙僕曰：「想來不過五六百字。」僕曰：「五六百字，難道胸中沒有？到此時尚未出來。」乙僕慰之曰：「你勿心焦，渠五百字雖在肚裡，只是一時湊不起耳。」

〈死方兒〉

有儒生習醫者，往往不屑用藥箱，診脈後，即索紙筆寫一方，命病者往藥鋪取之。後儒生速寫數方醫人，而人即死，人往咎之，生曰：「汝輩尚未知也，我是死方兒。」

〈拔鬚〉

童生拔鬚赴考，對鏡曰：「你一日不放我進去，我一日不放你出來。」

四、趙恬養編・《增訂解人頤新集》

趙恬養，生平不詳。

《增訂解人頤新集》二十五卷，題爲趙恬養所輯，今有《古今流傳博雅集》選錄。鄭弘烈爲之作序云：「胡子之解其頤，非猶夫向之解，視夫人之解其頤者之有加而無已者之更可知也。是之謂《解人頤》之新集。雍正三年八月既望，同學弟鄭弘烈聖蹏氏題于金陵之館舍。」是知刊於雍正三年。

詼諧類

〈貪心〉

昔一人行善，應托生，轉輪王問其所欲，對曰：「父是尚書子狀元，繞家千頃好良田，魚池花葉般般有，美妾嬌妻個個賀，充棟金銀并米穀，盈箱羅綺及銀錢，身居一品王公位，安享榮華壽百年。」王曰：「有此好處，待我自去，將王位讓與你罷。」

〈逐客〉

二人酒肆飲酒，酒畢，久坐不去。主人厭倦，假看天色曰：「雨要來了。」二人曰：「雨既來了，如何去得？少待雨過再去。」主人又曰：「如今雨又過了。」其人曰：「雨既過了，怕他怎的。」

五、黃圖珌編 •《看山閣閑筆》

　　黃圖珌（1700年—？），字容之，一作容止，號焦窗居士、守眞子，松江人（今上海）。清代戲曲名家，雍正六年入都謁選，官杭州同知，歷任湖州同知、衢州府同知，迄乾隆十九年任滿入京。善詞曲，工詩文，傳世傳奇名作〈雷峰塔〉，著有《看山閣全集》六十四卷。

　　〈看山閣閑筆〉第十五卷爲詼諧類，題爲黃圖珌所輯。

〈畫牛〉

顯宦放歸，買山結廬，以僞爲隱。招一丹青名手，圖繪林泉之勝，既成，則綴一牛放其畔，宦曰：「是何謂邪？」曰：「無此牛，恐山林太寂寞耳。」

〈有竹〉

客曰：「居不可無竹，子居何不種竹？」主曰：「吾胸中有竹，不必更種。」友驚異之，曰：「子胸中如何有竹？」主曰：「不見前人有詩云：『料得清貧饞太守，謂川千畝在胸中』，此非胸中有竹歟？」客大笑曰：「此言筍也。」主曰：「吾筍，安得有竹？」

〈冷泉〉

一人自靈隱回，見其妻曰：「我心冷矣。」妻急問其故，曰：「頃從冷泉亭洗心而來，如心不冷，則泉亦不靈矣。」

〈誓聯〉

有縣令堂懸一聯以誓曰：「得一文，天誅地滅；聽一情，男盜女娼。」然饋送金帛者頗多，無不收受，而勢要説事，亦必徇情。有曰：「公誤矣，不見堂聯所志乎？」令曰：「吾志不失，所得非一文，所聽非一情也。」

〈財命相連〉

一翁見江灘遺錢一枚，遂往取之，俄頃潮至，避之不及，被淹致斃。次日屍浮巨木而出，手尚握錢。見者嘆曰：「此翁深得財命相連之旨矣。」

〈畫錢孔〉

一官愛錢，每收呈狀，如有隙可乘者，即以筆于詞腳畫一錢孔，久而民皆知之，凡有緣事者，相聚告曰：「吾父母銅錢眼裡作工夫也。」

六 方飛鴻編 · 《廣談助》

方飛鴻，生平不詳。

《廣談助》凡五十卷，爲清人方飛鴻所纂輯，卷三十有〈諧謔篇〉二十則，因與諸笑書重出甚多，今從王利器《中國笑話大觀》輯數則。

〈半邊聖人〉

一士大性極貪，取人不遺錙銖，而己之所有，分毫不舍。或譏其奢，答曰：「一介不與，聖人之道。」或曰：「一介不取，君以為何如？」曰：「學而未能。」曰：「然則君只好學得半邊聖人。」

〈錯死了人〉

東家喪妻母，住祭，托館師撰文，乃按古本誤抄記妻父者與之。識者看出，主人大怪館師，館師曰：「古本上是刊定的，如何會錯，只怕是他家錯死了人。」

〈千呼〉

鄱陽何梅谷妻老好佛，晨夕每念觀音菩薩千遍。梅谷一日呼妻，至再至三，隨應隨呼，弗輟。妻怒曰：「何聒噪若是耶？」梅谷徐應曰：「呼僅二三，汝即我怒；觀音菩薩，一日被你呼千遍，安得不怒爾？」其妻遂止。

〈點石成金〉

一貧苦特甚，生平虔奉呂祖，祖感其誠，忽降其家；見其赤貧，不勝憫之，因伸一指指其庭中磐石，燦然化為黃金，曰：「汝欲之乎？」其人再拜曰：「不欲也。」呂祖大喜，謂：「子誠如此，便可授子大道。」其人曰：「不然，我心欲汝此指頭耳。」

〈志於富貴〉

太平之世，人皆志於富貴，位高者所得愈高廣，終不能保其所有，時人為之語曰：「知縣是掃帚，太守是畚斗，布政是叉袋口，都好將去京里抖。」語雖粗鄙，切中時弊。

七、獨逸窩退士編．《笑笑錄》

獨逸窩退士究竟是何許人也，據光緒五年三月的〈序〉可知是為清末之士。

《笑笑錄》題為獨逸窩退士編著，凡六卷，一千零十九則，今輯入《筆記小說大觀》及《明清笑話十種》之中。其內容據〈序〉云：「鄙性尤喜流覽說部，上自虞初稗官所志，下逮里巷野老所傳，莫不討寓目，寢饋弗忘。又平生善愁，居恆鬱鬱不快，亦賴陶寫胸襟。」是知所輯的內容包括典籍所載，亦有民間里巷之傳聞，編寫目的在「陶寫胸襟」。《笑笑錄》自序云：「茲于退直之暇，燈炧茶熟時，刪汰復汩，區分先後，手錄為六卷，名之曰《笑笑錄》。事類鈔胥，賢猶博奕，知不足博大雅一粲，亦仍以供我之怯愁排悶而已。」《筆記小說大觀》編者在〈題要〉中亦云：「上而探諸古籍，下而采及近聞，凡夫齊贅婿之滑稽、漢戟郎之諧謔，以及打油、釘鉸、歇語、庾詞，凡足以資嘔噱，無不悉入網羅。」更具體的指出本書蒐輯的面向非常廣博，致內容豐富龐雜。大抵而言，前三卷多為輯錄稗官野史或古籍之作，後三卷多為耳聞目見或清朝作品，且註明材料來源。

〈卷一．非錢不行〉

鄭愔為吏部掌選，贓污狼藉。有候選官繫百錢于靴上。愔問其故，答曰：「當今之選，非錢不行。」

〈卷一·噴帝〉

玄宗友愛，呼寧王為大哥，每與諸王同食。一日食，寧
王錯喉，噴上鬚，寧王驚慚不遑。上顧其悚懼，欲安
之。黃繙綽曰：「不是錯喉。」帝問：「何故也？」對
曰：是噴帝（嚏）」。上為一笑。

〈卷二·減年恩例〉

有故人喜諧謔，見人家後房和妓院之女子，多隱諱年
齡，往往不肯出二十外。戲曰：「汝等亦有減年恩例，
盡被丹士買去，蓋道士動輒稱數百歲也。」

〈卷二·嘲王安石〉

劉貢父與介甫為故交。荊公常戲拆其名曰：「劉攽分文
不值。」，貢父亦拆安石字，曰：「失女便成宕，無
宀石真是妬。下交亂真如，上交誤當宣。公嘆賞而心銜
之。

〈卷二·芭蕉〉

宣和間，鈞天樂部焦德者，以善謔被遇。一日從幸禁
苑，指花竹草木以詢其名，德曰：「皆芭蕉也。」，上
詰之，曰：「是皆取于遠方，在途之遠，巴至上林，則
已焦矣。」上大笑。

〈卷二・以詩絕媒〉

一翁，有來為之議親者，轉以一絕示之曰：「讀盡文書一百擔，老來方得一青衫。媒人卻問余年紀，四十年前三十三。」

〈卷二・故相遠族〉

有一故相遠族，嘗在姑蘇嬉遊。書壁曰：「大丞相再從侄某嘗遊。」有士人李璋好，題其旁曰：「混元皇帝三十七代孫李璋繼至。」

〈卷二・禁醋〉

束元嘉知嘉陵，禁醋甚嚴。大人大書于郡門口：「束手無措。」

〈卷三・劉棉花〉

成化中，內閣劉吉得用，每媚上以免彈劾。後雖時世多變，吉未被彈。時人以吉耐彈，呼為「劉棉花」。

〈卷三・裁縫〉

一官欲制袍服，裁縫問僕云：「汝主為新進衙門耶？抑居位有年耶？抑將候升者耶？」僕云：「汝但縫，何用如此嘮叨？」縫匠曰：「不然，若初進者，志高氣揚，凌駕前輩，其胸必挺而高，宜前長後短；既據要途稍久，世態熟諳，驕氣漸平，則前後宜如常人；倘及三考，則京堂在望，惟俯首鞠躬，連揖深拱，則宜前短後長，方稱體。」此雖尖刻，而實酷肖。

〈卷四・三不要〉

一年老令君，大書縣府之前，曰：「三不要。」注之曰：「一不要錢，二不要官，三不要命」次早視之，每行下添二字，即成：「不要錢嫌少，不要官嫌小，不要命嫌老。」

〈卷四・醫詩〉

一醫治肥漢死。人曰：「我饒你不知狀，但為我抬柩至墓地。」醫率妻子往役。至中途，力不能舉，乃吟云：「自祖相傳歷世醫。」妻云：「丈夫為事累連妻。」子云：「可堪屍肥抬不動。」次子云：「如今只揀瘦人醫。」

〈卷五・杖銘〉

相傳錢虞山有一杖，自製銘曰：「有之則行，舍之則藏，惟我與爾有是夫。」歸朝後，此杖久失去。一日得之，有人續云：「危而不持，顛而不扶，則將焉用彼相矣。」錢為之憫然。

〈卷六・癡人說夢〉

戚某幼耽讀而性癡，一日早起，謂婢曰：「爾昨夜夢見我否？」答曰：「未。」大斥曰：「夢中分明見爾，何以賴？」去往訴母，曰：「癡婢該打，我昨夜夢見他，他堅說未夢見我，豈有此理耶？」

〈卷六・偷兒〉

某生夜讀，往復數百遍，猶不熟。漏四下，誦聲益喧，意且達旦矣。有賊伏床下，躁甚，突起摑之曰：「爾非生鐵，何頑鈍若此！余焉能待！」遽趨出門，鼓掌而去。

〈卷六・高帽子〉

世俗謂媚人為頂高帽子。嘗有門生兩人，初放外任，同謁老師者，老師謂：「今世直道不行，逢人送頂高帽子，斯可矣。」其一人曰：「老師之言不謬，今之世不喜高帽如老師者有幾人哉！」老師大喜。既出，顧同謁者曰：「高帽已送去一頂矣。」

八、小石道人編・《嘻談錄》

小石道人，不知其何許人，據〈嘻談錄〉刊印於清光緒年間，可推知為清代後期之人。

《嘻談錄》題為小石道人編纂，有初錄二卷、續錄二卷，其敘寫的內容據初錄自序云：「率以俚巷游戲之言，寫世俗離奇之事，巧思綺合，妙緒環生。余恐其忘也，退而筆之于書，彙為一編，名曰嘻談錄。」是知記載俚巷游戲之言、世俗離奇之事為主。

〈初錄卷上・嘲館膳詩〉

一東家甚吝，館膳只用片肉一盤，既薄且少。先生以詩誚之曰：「主人之刀利且鋒，主母之手輕且鬆，一片切來如紙同，輕輕裝來無二重。忽然窗下起微風，飄飄吹

入九霄中。急忙使人覓其蹤，已過巫山十二峰。」近又見一詩云：「薄薄批來淺淺鋪，廚頭娘子費工夫。等閑不敢開窗看，恐被風吹入太湖。」

〈初錄卷上·喜寫字〉

一人最喜與人寫字，而書法極壞。一日，有人手搖白紙扇一柄，伊欲為之寫字。其人乃長跪不起，喜寫字者曰：「不過扇子幾個字耳，何必下此大禮？」其人曰：「我不是求你寫，我是求你別寫。」

〈初錄卷下·窮鬼借債〉

有人極窮，飢不怕餓，死不吃飯，人皆呼之為嗇剋鬼。一人極命窮，剩一文錢，必要花完，才睡的著覺，人皆呼之為窮命鬼。這日，窮命鬼找嗇剋鬼借錢，嗇剋鬼說：「你命小福薄，連一文錢都拿不住，若借給你，怕你福薄災生，人錢并盡。」窮命鬼說：「你只管借給我，我撙節著用。」嗇剋鬼說：「我說一個笑話給你聽：有一個人極吝嗇，豈止一毛不拔，連肚內的屎都要屙在家裡。一日，將要遠行，恐於途中出恭，豈不白丟了一泡大糞，莫若帶了狗去，以防意外之虞。遂將家中之狗帶之同行。行至半路，果然要出恭，其人嘆曰：『人無遠慮，必有近憂；愚人千慮，必有一得：其此之謂乎！』于是出了恭，那狗果然吃了。不料吃了之後，那狗也要出恭，其人指狗罵曰：『沒造化的畜生，真是鼠肚雞腸，你連一泡屎都擎受不起，你還借是什麼錢？』」

〈初錄卷下・像人不像人〉

新官到任，飭差人拿像人不像人的到案。差人難為，回家商之妻子。妻曰：「這有何難，你將猴子與他穿戴衣冠，送至署中，你就說：『把像人不像人的帶到。』頗好銷差。」夫如其言，將猴子扮好，牽去見官。官大喜，賞果子與猴子吃，極其馴順。官見猴子可愛，令人領到席前，叫他吃酒。誰知那猴子吃了酒，野性發作，在席前揪了帽子，撕了衣服，亂跳亂蹄。官罵之曰：「你這不講理的東西，未吃酒的時候，到還像人，吃了酒，連人都不像了。」

〈續錄卷上・五大天地〉

一官好酒怠政，貪財酷民，百姓怨恨。臨卸篆，公送德政碑，上書「五大天地」官曰：「此四字是何用意？令人不解。」眾紳民齊聲答曰：「官一到任時，今天銀地；官在內署時，花天酒地；坐堂聽斷時，昏天黑地，百姓含冤的，是恨天怨地；如今交卸了，謝天謝地。」

〈續錄卷上・恍惚〉

一人錯穿靴子，一只底兒厚，一只底兒薄，走路一腳高，一腳低，甚不合式其人詫異曰：「我今日的腿因何一長一短？想是道路不平之故。」或告之曰：「足下想是錯穿了靴子。」忙令人回家去取。家人去了良久，空手而回，謂主人曰：「不必換了，家裡那兩只也是一薄一厚。」

〈續錄卷上・南北兩謊〉

南北兩人，皆慣說謊，彼此企慕，不辭遠路程相訪。恰遇中途，各敘寒溫。南人謂北人曰：「聞得貴處極冷，不知其冷如何？」北人曰：「北方冷起來，撒尿都要帶棒兒，一撒就凍，隨凍隨敲，不然人牆凍在一處。冬天浴堂內洗澡，竟會連人凍在盆內。」南人曰：「開浴堂主人何在？」答曰：「未問浴堂東道主，但見盆內有冰人。」北人謂南人曰：「聞得尊處極熱，不知其熱如何？」南人曰：「南方熱起來，將生麵餅貼在牆上，立時就熟。夏日，街上有人趕豬，走不甚遠，都成了熟豬。」北人曰：「豬已如此，人何以堪？」答曰：「彼豬尚且成燒烤，其人早以化灰塵。」

〈續錄卷上・弟兄兩謊〉

把兄弟均愛說謊，把兄謂把弟曰：「我昨日吃極大的煮餑餑，再沒有比他大的。一百斤麵，八十斤肉，二十斤菜，包了一個，煮好了，用八張方棹才放得下，二十幾個人，四面轉之吃，吃了一天一夜，沒吃到一半，正吃得高興，不見了兩個人，遍尋無蹤，忽聽煮餑餑肚內有人說話，揭開一看，那兩個人鑽在裏頭掏餡兒吃呢。你說大不大？」把弟說：「我昨日吃頂大的肉包子，那才算得大呢。幾十個人吃了三天三夜，沒見著餡兒，望裏緊吃，吃出一塊石碑來，上寫：『離餡子還有三十里』你看大不大？」把兄說：「你這大包子用什麼鍋蒸的？」把弟說：「用的是你下煮餑餑的那個鍋。」

〈續錄卷下・死要錢〉

一客束裝歸里，歲大飢，窮民死者無算，旅店蕭條，不留宿客。投一寺院，見東廂停棺數十口，西廂只有一棺，巋然獨存。三更後，棺中各出一手，皆焦瘦黃瘠者，惟西廂一手稍覺肥白。客素負膽力，左右顧盼，笑曰：「汝等窮鬼，想手頭窘甚，向我乞錢耶？」遂解囊，各選一大錢與之。東廂鬼手盡縮，西廂鬼手伸如故。客曰：「一文錢不滿君意，吾當益之。」添至百數，猶然不動。客怒曰：「窮客太作喬，可謂貪得無厭。」竟提兩貫錢置其掌，鬼手頓縮。客訝之，移燈四照，見東廂之棺，皆書飢民某字樣，而西廂一棺，書：「某縣典史某之墓。」

九、方飛鴻編・《廣談助》

方飛鴻，作者不詳。

《廣談助》五十卷，為清人方飛鴻輯錄，卷三十〈諧謔篇〉有笑話二十則，因與諸笑話書重出甚多，茲錄數則以饗讀者。

〈半邊聖人〉

一士夫性極貪，取人不遺錙銖，而己之所有，分毫不舍。或譏其吝，答曰：「一介不與，聖人之道。」或曰：「一介不取，君以為何如？」曰：「學而未能。」曰：「然則君只好學得半邊人。」

〈瀉殺聖人〉

一蒙師出「飲水」二字課士，其一人文曰：「朝而飲水也，暮而飲水也，無時不飲水也；今日飲水也，明日飲水也，無日而不飲水也。」批之者曰：「瀉殺聖人，打你一百。」

〈閉眼獨狠〉

眾少年聚飲，歌妓侑酒，唯首席一長者，閉目叉手，危坐不顧。酒畢，歌妓重索賞錢，長者拂衣而起，曰：「我未曾看汝。」歌妓以手扳之曰：「看的何妨，閉眼想的獨狠。」

〈千呼觀音〉

鄱陽何梅谷英妻老好佛，晨夕每念觀音菩薩千遍。梅谷一日呼妻，至再至三，隨應隨呼，弗輟。妻怒曰：「何聒噪若是耶？」梅谷徐應曰：「呼僅二三，汝即我怒；觀音菩薩，一日被你呼千遍，安得不怒爾？」其妻遂止。

〈濟用〉

貧子持金銀錠一串行，顧錠嘆曰：「若得你硬起時，就濟得我用了。」錠笑曰：「我如何得硬，不若你硬了湊我罷。」

〈點金指〉

一人貧苦特甚，生平虔奉呂，祖感其誠，忽降其家；見其赤貧，不勝憫之，因伸一指指其庭中磐石，粲然化為黃金，曰：「汝欲之乎？」其人再拜曰：「不欲也。」呂祖大喜，謂：「子誠如此，便可授子大道。」其人曰：「不然，我心欲汝此指頭耳。」

十　俞樾‧《一笑》

俞樾（1821年—1906年），字蔭甫，號曲園居士，浙江德清人，生於清宣宗道光元年，卒於德宗光緒三十一年，年八十六歲。殿試二甲賜進士出身，改翰林院庶吉士授編修，後被彈劾罷官，主講紫陽書院、杭州詁經精舍，至三十一年復原官。一生著述不輟，撰有《春在堂集》凡五百餘卷，另有筆記小說等。

《一笑》原刊於《俞樓雜纂》卷四十八，凡十三則。

〈乘雞而歸〉

有客至，主人具蔬食，客不悅。主人謝曰：「家貧市遠，不能得肉耳。」客曰：「請殺我所乘騾而食之。」主人曰：「君何以歸？」客指階前之雞曰：「我借君之雞，乘之而歸。」

〈口音〉

南人到北，多苦於口音之齟齬。有孝廉乘車，偶失其履，使其車夫取之，疾呼曰：「鞋子！鞋子！」其音「鞋」如「孩」。車夫怒曰：「吾年長矣，尚呼我孩子

平？」孝廉知其不達，乃易其音曰：「鞋鞋！」音又如「爺」。車夫拱手曰：「不敢！」

〈十里亭送客歸〉

甲性遲緩，乙性躁急。相遇于途，各低頭而揖。甲揖別而起，已失乙所在。回顧，則乙在其後呼甲曰：「君尚在此歟？吾適往十里亭送客而歸也。」

〈買鏡〉

有漁婦素不蓄鏡，每日梳洗，以水自鑒而已。其夫偶為買一鏡歸，婦取視之，驚告其姑曰：「吾夫又娶一新婦來矣！」姑取視之，嘆曰：「取婦猶可，奈何并與親家母俱來！」

二、石成金‧《笑得好》

石成金（1660年─1747年）字天基，號星齋，江蘇揚州人，出身望族，博通經史子集，一生以教書、著述為業，《笑得好》輯入文集《傳家寶》之中。

《笑得好》全書不分卷，凡有一百一十七則笑話。書前題字：「人以笑話為笑，我以笑話醒人。雖然游戲三昧，可稱度世金針。」以「度世金針」為編寫意圖之所在。石成金又於〈笑得好自敘〉云：「予乃著笑話書一部，評列警醒，令讀者凡有過愆偏私，朦昧貪痴之種種，聞予之笑，悉皆慚悔改，俱得成良善之好人矣，因以『笑得好』三字名其書。」《笑得好》材料取自社會現象及生活百態，有諷刺官場文化者，有嘲弄貪嗔痴愚者，刻畫生動，精彩可讀。

〈慮二百歲壽誕〉

一老人福壽兼全，子孫滿堂。百歲壽日，賀客填門。老人攢眉似有不樂。眾問：「如此全福，尚有何憂？」老人曰：「各樣都不愁，只愁我後來過二百歲壽誕，來賀的人更添幾千幾百。教我如何記得清。」

眉批：二百年後，幾千幾百人來賀者，逐位如何迎送？如何款待？如何答謝？也要預先愁慮，才不癡迷。

〈相法不準〉

有人問相者曰：「你向來相法，十分靈驗，而今的相法，因何一些不應？」相者促額曰：「今昔心相，有所不同：昔人凡遇方面大頭的，必定富貴；而今遇方面大額的，反轉落寞；惟是尖頭尖嘴的，因他專會鑽刺倒得富貴；叫我如何相得準？」

眉批：主試者若非鐵面冰心，巴不得人人會來鑽刺。

〈話不應〉

有人到神廟求籤，問道士詳斷。道士曰：「先送下香錢，說的話才靈；若是沒有錢，就有說話，一些也不靈驗。」

眉批：人若無錢，就有好話，誰人來聽。

〈討飯〉

一富翁有米數倉，遇荒年，鄉人出加一加二重利，俱嫌利少不借。有人獻計曰：「翁可將此數倉米，都煮成

粥借與人，每粥一桶，期約豐年還飯二桶，若到豐收熟年，翁生的子孫又多，近則老翁自己去討飯，若或遠些，子孫去討飯，一些不錯。」

〈少米少床〉

貧人對眾客自誇曰：「我家雖不大富，然而器物件件不少。」乃屈指曰：「所少者，只是龍車鳳輦。飲食樣樣俱有。」乃屈指曰：「所無的，只是龍心鳳肝。」旁邊有小童愁眉曰：「夜裡床也沒得睡，地下困草鋪，今日晚飯米一顆也沒得了，還在人面前說大話！」其人仰頭想一想曰：「是極，是極，我也忘了，我家裡到底件件俱有，所少的不過是龍心鳳肝晚飯米，龍車鳳輦夜裡床。」

〈出氣〉

一不肖子常毆其父，父抱孫不離手，甚愛惜之。鄰人問曰：「令郎不孝，你卻甚愛令孫，何也？」答曰：「不為別的，我要抱他長大了，好替我出氣。」

〈瘡痛〉

有人腿上患一毒瘡，甚是疼痛，叫喊不止。忽在壁上挖一洞，將腿放入穴內。人問其故。患人攢眉曰：「這瘡在我腿上，我自己痛不過了，所以挖個壁洞伸過去，也等他好往別人家裡疼疼去。」
眉批：己害思欲脫人，殊不知害仍在己，喪心何益。
（案此又見雪濤小說任事條。）

〈爛盤盒〉

昔有一官，上任之初，向神發誓曰：「左手要錢，就爛左手，右手要錢，就爛右手。」未久，有以多金行賄者，欲受之，恐犯前誓。官自解曰：「我老爺取一空盤盒來，待此人將銀子擺在內，叫人捧入，在當日發誓是錢，今日卻是銀，我老爺又不曾動手，就便爛也只爛得盤盒，與老爺無干。」

〈誓聯〉

昔有一官到任後，即貼對聯于大門曰：「若受暮夜錢財，天誅地滅；如聽衙役說話，男盜女娼。」百姓以為清正。豈知後來貪污異常，凡有行賄者，俱在白日，不許夜晚，俱要犯人自送，不許經衙役手，恐犯前誓也。

〈折錢買餅〉

有一富人極吝，欲請師教子，又舍不得供膳，欲得先生不吃酒、肉、飯食者方可。後有一先生，喜甘淡泊，每日惟吃粥三餐，有人荐來。翁聞而沈思半響，對先生曰：「且莫造次，只這煮粥也費事，到不如每頓粥我情願折錢二文，與先生買兩個燒餅吃，若是先生食量小的，還可以省下一文錢來上腰豈不兩便？」

〈人參湯〉

有富貴公子，早晨出門，見一窮人挑擔子，臥地不起，富人曰：「此人因何臥倒？」傍人答曰：「這人沒得飯

吃，肚餓了，倒在地上歇氣的。」公子曰：「既不曾吃飯，因何不吃一盞人參湯出門？也飽得好大半日。」

〈四時不正〉

一富翁冬月暖閣重裘，圍爐聚飲，酒半汗出，解衣去帽，大聲曰：「今年冬月如此甚暖，乃四時之不正也。」門外僕人寒顫，答曰：「主人在內說四時不正，我等門外衣單腹餓，寒風入骨，天時正得很呢！」（案此條又見雪濤諧史。）

〈答令尊〉

父教子曰：「凡人說話放活脫些，不可一句說煞。」子問：「如何叫活脫？」此時適鄰家有借幾件器物的，父指謂曰：「假如這家來借物件，不可竟說多有，不可竟說多無，只說也有在家的，也有不在家的，這話就活脫了，凡事俱可類推。」子記之。他日有客到門，問：「令尊翁在家麼？」子答曰：「也有在家的，也有不在家的。」

〈長生藥〉

一醫生自病將死，在枕上喊曰：「若有好醫師能代我把病救好了，我現在有長生丹藥謝他，叫他吃了，好過上幾百歲。」

〈秀才斷事〉

一鄉愚言志：「我願有百畝田稻足矣。」鄰人忌之曰：「你若有百畝田，我養一萬只鴨，吃盡你的稻。」二人相爭不已，訴于官，不識衙門，經過儒學，見紅牆大門，遂扭而進；一秀才布于明倫堂，以為官也，各訴其情。秀才曰：「你去買起田來，他去養起鴨來，待我做起官來，才好代你們審這件事。」

〈皇帝世家〉

一乞丐從北京回來，自誇曾看見皇帝晚上出宮行走，只是那前邊照路燈籠上四個字就出奇了。人問：「是四個什麼字？」丐曰：「皇帝世家。」

〈生豆腐〉

一人極富極嗇，每日三餐，俱不設肴，只用鹽些許，以箸少蘸鹽下飯。傍人謂曰：「你如此省儉，令郎在外大嫖大賭。」翁曰：「今後每頓，我也買一塊生豆腐受用受用。」

〈瞌睡法〉

有一乳母餔養小兒，因兒啼哭不肯安睡，乳母表示無奈，驀然叫官人快拿本書來，官人問其何用，應曰：「我每常間見官人一看書便睡著了。」

〈騎馬敗家〉

有一人極貧，將破酒甕做床腳。一晚，夫妻同睡，夢見拾得一錠銀子，夫妻商議，將此銀經營幾年，該利息許多，可以買田，可以造屋，一旦致富，就可買官，但既然富貴，需要出入騎馬，只是這馬，我從不曾騎慣，因對妻曰：「你權當做馬，待我跨上來一試何如？」不覺跨重了，將破酒甕翻倒了，床鋪同身子一起都倒在地上。夫妻嚷鬧不已。鄰人問之，妻應曰：「我本好好的一個人家，只為好騎馬，把家業都騎壞了。」

〈心疼〉

有一人辦一席果茶，遇一客將滿碟核桃已吃過大半，主人問曰：「你如何只吃核桃？」客曰：「我多吃些核桃，圖他潤肺。」主人愁眉曰：「你只圖你潤肺，怎知吃得我心疼！」

〈不打官司〉

徽州人連年打官事，甚是怨恨。除夕，父子三人商議曰：「明日新年，要各說一吉利話，保佑來年行好運，不惹官事何如？」兒曰：「父先說。」父曰：「今年好。」長子曰：「晦氣少。」次子曰：「不得打官事。」共三句十一字，寫一長條貼中堂，令人念誦，以取吉利。清早，女婿來拜年，見帖分為兩句上五下六念云：「今年好晦氣，少不得打官事。」

〈忘記端午〉

先生教書，適遇端午節，因無節敬，先生問學生曰：「你父親怎的不送節禮？」學生歸家問父，父曰：「你回先生，只說父親忘記了。」學生依言回覆先生，先生曰：「我出一對與你對，若對得不好，定要打你。」因出對云：「漢有三杰：張良韓信尉遲公。」學生不能對，怕打，哭告其父，父曰：「你向先生說：這對子出錯了，尉遲公是唐人，不是漢人。」學生稟先生，先生曰：「你父親幾千年前的事，都記得清白，怎麼昨日一個端午節就忘記了？」

〈門上貼道人〉

一人買門神，誤買道人畫，貼在門上，妻問曰：「門神原是持刀執斧，鬼才懼怕，這忠厚相貌，貼他何用？」夫曰：「再莫說起，如今外貌忠厚的，他行出事來，更毒更狠。」

〈醉猴〉

有人買得猴猻，將衣帽與之穿戴，教習拜跪，頗似人形。一日，設酒請客，令其行禮，甚是可愛。客以酒賞之，猴飲大醉，脫去衣帽，滿地打滾。眾客笑曰：「這猴猻不吃酒時還像個人形，豈知吃下酒去，就不像個人了。」

酒須少飲，或若大醉，則為害甚多，有人形者鮮矣。

〈勝似強盜〉（笑為官貪酷的。）

有行一酒令，除了要真強盜之外，亦如強盜者，一人曰：「為首斂錢天窗開。」一人曰：「詐人害人壞秀才。」又一人曰：「四個人轎兒喝道來。」眾嘩曰：「此是官府，何以似盜？」其人曰：「你只看如今抬在四人轎上的，十個到有九個勝似強盜。」

二、游戲主人編·《笑林廣記》

游戲主人所編之《笑林廣記》共分十二卷，其目如下：古艷部、腐流部、術業部、形體部、殊稟部、閨風部、世諱部、僧道部、貪吝部、貧窮部、譏刺部、謬誤部。此十二部名稱，大抵沿龍馮夢《古今譚概》、《笑府》分類而略有增刪。內容有嘲諷各種形形色色的生活百相、有反映貪官污吏者，大抵以輕、薄、短、小的敘寫方式，博君一粲。

清代《笑林廣記》共有二種，其一是游戲主人編撰，其二是程世爵編撰。游戲主人，不知何許人也，前有掀髯叟的〈序〉，從序中可以窺知游戲主人之性行經歷及編寫之意圖，掀髯叟〈序〉云：「主人秉異賦，倜儻英奇，不屑作小儒齷齪態，弱冠即有志四方，足跡遍海內，故其聞見日益廣，而諳練日益深，夫何穎禿研究，經荒裘敝，而白衣蒼狗，笑眼誰青，則又往往襲曼倩之詼諧，學莊周之隱語，清言傾四座，非徒貌晉人之風味，實深有激乎其中，而聊借玩世。此《笑林廣記》之所以不辭俚鄙，用輯成書，亦足見其一斑矣。」

〈卷一·古艷部·貪官〉

有農夫種茄不活，求計於老圃。老圃曰：「此不難，每茄樹下埋錢一文即活。」問其何故，答曰：「有錢者生，無錢者死。」

〈卷三・術業部・寫真〉

有寫真者，絕無生意，或勸他將自己夫妻畫一幅行樂貼出，人見方知。畫者乃依計而行。一日，丈人來望，因問：「此女是誰？」答云：「就是令愛。」又問：「他為甚與這面生人同坐？」

〈卷三・術業部・鬍鬚像〉

一畫士寫真既就，謂主人曰：「請執途人而問之，試看肖否？」主人從之，初見一人，問曰：「那一處最像？」其人曰：「方巾最像。」次見一人，又問曰：「那一處最像？衣服最像。」及見第三者，畫士囑之曰：「方巾衣服，都有人說過，不勞再講，只問形體如何？」其人躊躇半響曰：「鬍鬚最像。」

〈卷三・術業部・酸酒〉

一酒家招牌上寫：「酒每斤八釐，醋每斤一分。」兩人入店沽酒，而酒甚酸，一人呫舌攢眉曰：「如何有此酸酒？莫不把醋錯拿了來？」友人忙摑其腿曰：「呆子，快莫做聲！你看牌子面上寫著醋比酒更貴哩！」

〈卷五・殊稟部・覓凳腳〉

鄉間坐凳，多以現成樹丫叉為腳者。一腳偶壞，主人命僕往山中覓取。僕持斧出，竟日空回，主人責之，答曰：「丫叉盡有，都是朝上生，沒有向下生的。」

〈卷六‧閨風部‧藏年〉

一人娶一老妻，坐床時，見面多皺紋，因問曰：「汝有多少年紀？」婦曰：「四十五六。」夫曰：「婚書上寫三十八歲，依我看來還不止四十五六，可實對我説。」曰：「實五十四歲矣。」夫復再三詰之，只以前言對。上床後更不放心，乃巧生一計曰：「我要起來蓋鹽甕，不然，被老鼠吃去矣。」婦曰：「倒好笑，我活了六十八歲，並不聞老鼠偷鹽吃。」

〈卷八‧僧道部‧追存〉

一僧追薦亡人，需銀三錢，包送西方。有婦超度其夫者，送以低銀，僧遂念往東方，婦不悅，以低銀對，即笑補之，改念西方。婦哭曰：「我的天，只為幾分銀子，累你跑到東又跑到西，好不苦呀！」

〈卷九‧貪吝部‧蘸酒〉

有性吝者，父子在途，每日沽酒一文，慮其易竭，乃約用箸頭蘸嘗之。其子連蘸二次，父責之曰：「如何吃這般急酒！」

〈卷九‧貪吝部‧夢美酒〉

一好飲者，夢得美酒，將熱而飲之，忽被驚醒，乃大悔曰：「早知如此，恨不冷吃。」

〈卷九・貪吝部・酒死〉

一人請客，客方舉杯，即放聲大哭。主人慌問曰：「臨飲何故而悲？」答曰：「我生平最愛的是酒，今酒已死矣，因此而哭。」主笑曰：「酒如何得死？」客曰：「既不曾死，如何沒有一些酒氣？」

〈卷九・貪吝部・變爺〉

一貧人生前負債極多，死見冥王，王命鬼判查其履歷，乃慣賴人者，來世罰去變成犬馬，以償前欠。貧者稟曰：「犬馬所報，所償有限，除非變了他們的親爺，方可還得。」王問何故，答曰：「做了他家的爺，盡力去掙，掙得論千論萬，少不得都是他們的。」

〈卷九・貪吝部・收骨頭〉

館僮怪主人被食必盡，止留光骨于碗，乃對天祝曰：「願相公活一百歲，小的活一百零一歲。」主問其故，答曰：「小人多活一歲，好收拾相公的骨頭。」

〈卷十二・謬誤部・圓謊〉

有人慣會說謊，其僕每代為圓之。一日對人說：「我家一井，昨被大風吹往隔壁人家去了。」眾以為從古所無。僕圓之曰：「確有其事。我家的井，貼近鄰家籬笆。昨晚風大，把籬笆吹過井這邊來了，卻像井吹在鄰家去了。」一日又對人說：「有人射下一鷹，頭上頂碗粉湯。」眾皆詫之。僕圓曰：「此事亦有。我主人在

天井內吃粉湯。忽一鷹墜下，鷹頭正跌在碗內，豈不是鷹頭頂著粉湯。」一日又對人說：「寒家有頂漫天帳，把天地遮得嚴嚴的，一些空隙也沒有。」僕乃攢眉曰：「主人脫煞扯這漫天謊，叫我如何遮掩得來！」

三、陳庚編・《笑史》

陳庚，字西垣，號覺來子，為清道光年間貴州人。

《笑史》，又名《覺來笑史》，即笑談歷史，含勸懲及諧謔嘲諷之意味。原有六卷，軼失二卷，今有《申報》聚珍版。前有序，每則之後有陳庚（覺來子）及沈六階評點。童鞏〈笑史弁言〉：「就是編而論，亦足見說理平實，吐詞渾雅，隱然有訓俗型方遺意。雖小技也，而已克大進乎大道矣，又豈徒為諧詞以博一時之笑噱云爾哉。」由於每則皆與傳統笑話不同，篇幅略長，有長至千言者，蓋以敘事書寫者，茲錄短篇，以饗讀者。

〈嚴恭〉

嚴恭，字子寅，太原名士也。為人慎言語，寡色笑。處己接物，事事必規于古，而色戒尤嚴。執，「夫婦有別」一語，遂謂男女無相見之禮。有姨妹來省其母，固請見恭，恭起立少時，報然奉身而退，竊腹非之。因慨天下之女風，大率類然。以故擇配甚謹，年二十猶未娶也。時邑有顧孝廉之女娟兒，素守閨閑，雖弟兄不恆見面，父母愛之。遇有媒來輒商女，女曰：「世俗之所謂佳婿者，大都儇薄子弟耳。父母倘欲擇佳婿，兒以為非嚴子寅不可。」恭聞其言而娶之。室中設左右兩杌，女入室而右，恭入室而左，俯首對坐，咫尺不相謀面。合

巹后,恭即與女約曰:「禮始于謹夫婦,重有別也。別則不可以同榻。」女諾之。異榻而寢者五六年,而父母莫之知也。因不免有宗祧之慮,意欲為恭置側室。恭執不可,以商女,女俯首不答。母意其妒,怒加誚讓,女結舌無以自明。

一夕,潛入恭室,欲有所言,面紅而止者再。恭詰之,赧然曰:「人之所以為夫婦,為生子耳。今並其所以生子者而『別』之,而又重妄以忌克之名,禮不且為人禍乎?恭曰:「然。然此事殊不可苟,亦須涓吉行之。」至夕,夫婦皆禮服入房,三讓而後登榻。夫仰臥以下于婦,婦仰臥以下于夫,亦三讓而後成寢。自是五日為期,告于廟,而後入室,謂之肌膚之會。

明年,舉一子。恭甚愛之,恆引與共臥。兒嬌慣,遂舍女而戀恭。恭一日謂女曰:「子寅今有子矣,無須卿也。請仍踐有別之約。」女慘然曰:「忍哉君乎。有夫婦然後有父子,禮不忘其本也。今父子有親而遂令夫婦『有別』乎?『別』字恐不作如是解也。」掩淚而出。兒似察得母意,號泣而從之。恭見之其情狀可憫,乃出留女,謝以前言之戲。女始收涕抱子,從恭而入,仍為夫婦如初。

覺來子曰:「世多謂夫婦不妨縱欲,獨不思所欲既縱,所欲豈獨在夫婦哉。彼嚴生于夫婦有別,『別』字創為異寢之說,正是一段防微杜漸衷而說者,謂其誤解孟語,亦淺之乎測嚴生矣。」

沈六階云:「此篇敍嚴生遏欲工夫,先自房中起手,亦是一段撥本塞源要論。」

〈霍去病〉

鴉片，毒煙也，嗜吸者常構瘵疾，而價又最昂，人以是壞其身家者甚眾。上聞而慘之，詔各省皋臣嚴刑究處，而吾邑之被罪者蓋五人焉。其黨有霍去病者，鑒五人罪而竊悔，語諸弟曰：「我輩以煙故，虧父母遺體，破祖宗本業，罪已難逭。而又欲怙終以逃法網，茲益罪也。」命各取煙具出房，謀盡毀之，值衙棣過門窺見，徑縶以赴公堂，時江左陶公為吾邑宰，亦欲以五人之罪罪霍，霍頓首稱屈。公曰：「煙具在此，何以稱屈？」霍曰：「小人固有辭也，昔漢烈帝以歉禁沽，有捕役與沽者有隙，執沽具而首之，帝初不察其罪而下之獄，適簡雍御帝出獵，見獵道上有一男一婦前行，顧謂帝曰：「執之，彼其赴桑中約而行淫者。」問：「何以知之？」曰：「彼其有具。」帝因笑謝前過而免沽者以死。今日之煙具亦猶是也。」公聞而撫掌曰：「妙喻哉！吾想汝輩煙槍在御時，正與彼男婦之行淫無異也。」因亦笑而免之。意殆有以察其悔過之隱衷歟。

沈六階曰：「人孰無過，過而能改，善莫大焉。然非陶公善五聲之聽，抑安知其所辨者之非援古以自遁歟。」

四、鐵舟寄庸編・《笑典》

鐵舟寄庸，生平不詳。

《笑典》凡六卷，輯錄先秦子史迄南北朝史書、典籍等而成。卷一之下有卷首說明，可作為全書之總序，云：「拓胸悅目，莫如子史。微言鄙事，多堪冷齒。溫繹之餘，聊爾輯此。非矜博文，無希貴

紙。厥味膏腴，厥色金紫。秘之不能，公諸君子。」揭示以子史拓胸悅目。全書所選之子史書籍皆於條目之前標示出來。卷一所輯爲先秦子史訖《漢書》，含《列子》、《莊子》、《韓非子》、《呂氏春秋》、《戰國策》、《史記》、《漢書》等；第二卷輯《後漢書》、《晉書》；卷三輯《南史》上；卷四輯《南史》下及《北史》上，卷五輯《北史》中，卷六輯北史下。是第一本以輯錄子史之笑話書籍，頗具特色。

〈吾富可待矣〉

宋人有游于道，得人遺契者，歸而藏之，密數其齒，告鄰人曰：「吾富可待矣。」

（卷一‧列子‧說符篇）

〈無所用其巧〉

朱泙漫學屠龍于支離益，單²千金之家，三年技成，而無所用其巧。

（莊子‧列禦寇）

〈三萬言〉

桓譚《新論》云：「秦近君能說《堯典》，篇目兩字之說至十萬言。但說『曰若稽古』三萬言」。

（漢書‧藝文志‧卷一‧注）

---

2 單：同殫，指竭盡，這裡指花盡錢財。

〈易其所無〉

高后時，冒頓遺高后書曰：「陛下獨立，孤僨獨居。兩主不樂，無以自娛。願以所有，易其所無。」孤僨，冒頓自謂。

（後漢書・何敞列傳注・卷二）

〈今日變爲鳳凰耳〉

《獻帝春秋》曰：「初董卓為前將軍，皇甫嵩為左將軍，俱征邊章、韓遂，爭雄。及嵩拜車下，卓曰：『可以服未？』嵩曰：『安知明公乃至于是？』卓曰：『鴻鵠固有遠志，但燕雀自不知耳。』嵩曰：『昔與明公俱為鴻鵠，但明公今日變為鳳凰耳！』」

（後漢書・皇甫嵩列傳注・卷二）

〈出何典記〉

邊韶口辯，曾晝日假臥，弟子私嘲之曰：「邊孝先，腹便便。懶讀書，但欲眠。」韶潛聞之，應時對曰：「邊為姓，孝為字，腹便便，《五經》笥。但欲眠，思經事。寐與周公同夢，靜與孔子同意。師而可嘲，出何典記？」嘲者大慚。

（後漢書・文苑列傳・卷二）

〈焉有狗耳得聞龍聲〉

《管輅別傳》曰：「蔡元才在朋友中，最有清才，在眾人中言：『本聞卿作狗，何意為龍？』輅言：『潛陽未

變，非卿所知。焉有狗耳，得聞龍聲乎？』」

（三國志・管輅傳注・卷二）

〈願得一官號〉

或言後主名叔寶，反語為「少福」，亦敗亡之徵云。既見宥，隋文帝給賜甚厚，數得引見，班同三品。每預宴，恐致傷心，為不奏吳音。後監守者奏言叔寶云：「既無秩位，每預朝，願得一官號。」隋文帝曰：「叔寶全無心肝。」

（南史上・陳後主本紀・卷三）

〈太傅是誰我不識〉

張敬兒在雍州，貪殘，人間一物堪用，莫不奪取。于襄陽城西起宅聚物貨，宅大小殆侔襄陽。又欲移羊叔子墮淚碑，于是處置台。綱紀諫曰：「此羊太傅遺德，不宜遷動。」敬兒曰：「太傅是誰？我不識。」

（南史上・張敬兒列傳・卷三）

〈如三日新婦〉

曹景完性躁動，不能沈默，出行常欲褰車帷幔。左右輒諫，以位望隆重，人所具瞻，不宜然。景宗謂所親曰：「我昔在鄉里，騎快馬如龍，與少年輩數十騎，拓弓弦作霹靂聲，箭如餓鴟叫，平澤中逐獐數肋射之，渴飲其血，飢食其胃，甜如甘露漿，覺耳後生風，鼻頭出火。此樂使人忘死，不知老之將至。今來揚州作貴人，動轉不得，路行開車慢，小人輒言不可。閉置車中，如三日

新婦，此邑邑使人氣盡。

（南史上‧曹景宗列傳‧卷三）

〈必當無智〉

虞寄字次安，少聰敏。年數歲，客有造其父，遇寄于門，嘲曰：「郎子姓虞[3]必當無智。」寄應聲曰：「文字不辨，豈得非愚。」客大慚，入謂其父：「此子非常人，文舉[4]之對，不是過也。」

（南史下‧虞荔列傳‧卷四）

〈我有奇術〉

時臨淮劉玄明亦有吏能，歷山陰、建康令，政常為天下第一，終為司農卿。後傅翽又代玄明為山陰令，問玄明曰：「願以舊政告新令尹。」答曰：「我有奇術，卿家譜所不載，臨別當相示。」既而曰：「作縣令唯日食一升飯，而莫飲酒，此第一策也」

（南史下‧循吏列傳‧卷四）

〈非是俊物〉

典御丞李集面諫齊文宣帝，比帝有甚于桀、紂。帝令縛置流中沉沒，久之，復令引出。謂曰：「吾何如桀、

3　虞：字音通愚，被嘲為「愚」。

4　文舉：指孔融，人謂其「小時了了，大未必佳。」孔融應之曰：「想必君小時亦了了。」以孔融小時應答客人之聰敏，比之虞寄。

紂？」集曰：「回來彌不及矣，」帝又令沈之，引出更問，如此數四，集對如初。帝大笑曰：「天下有如此痴漢，方知龍逢、比干，非是俊物。」遂解放之。

（北史上‧齊文宣本紀‧卷四）

〈十錢主簿〉

陽平王熙玄孫慶智，性貪鄙，為太尉主簿。事無大小，得物然後判。或十數錢，或二十錢，得便取之，府中號為「十錢主簿」。

（北史上‧魏諸王列傳‧卷四）

〈聖小兒〉

祖瑩年八歲，能誦詩書，十二為中書學生，眈書，父母恐其成疾，禁之不能止。常密于灰中藏火，驅逐僮僕，父母寢睡之後，燃火讀書。以衣被蔽塞窗戶，恐漏光明，為家中所覺。由是聲譽甚盛，內外親屬，呼為聖小兒。

（北史中‧祖瑩列傳‧卷五）

〈不正之名〉

邢峙以經入授皇太子，峙方正純厚，有儒者風。廚宰進太子食菜有邪蒿，峙令去之，曰：「此菜有不正之名，非殿下宜食。」文宣聞而嘉之，賜以被褥縑纊。

（北史中‧儒林列傳‧卷五）

〈新構一堂〉

辛彥之遷潞州刺史，崇信佛道，于城內立浮圖二所，並十五層。開皇十一年，州人張元暴死，數日乃蘇，云：「游天上，見新構一堂，制極崇麗。」元問其故，云：「潞州刺史辛彥之有功德，造此堂以待之。」彥之聞之不悅，其年卒。

（北史中・儒林列傳・卷五）

〈狗母銜兔〉

張元村陌有狗子為人所棄者，元即收而養之。其叔父怒曰：「何用此為？」將欲更棄之。元對曰：「有生之類，莫不重其性命。若天生天殺，自然之理，今為人所棄而死，非其道也。若見而不收養，無仁心也，是以收而養之。」叔父感其言，遂許焉。未幾，乃有狗母銜一死兔，置元前而去。

（北史下・孝行列傳・卷六）

〈上表數讀〉

皇甫無逸過自畏懼，每上表疏，讀數十，猶懼未審。使者上道，追省再三，乃得遣。母在長安疾篤，太宗命馳驛名還承問，憂悸不能食，道病卒。

（新唐書・皇甫無逸列傳・卷六）

〈真丈夫〉

帝幸汾陽宮，狄仁傑為知頓使。并州長史李沖元，以道

出妒女祠，俗言盛服過者，致風雷之變，更發卒數萬改馳道。仁傑曰：「天子之行，風伯清塵，雨師灑道，何妒女避邪？」止其役。帝壯之曰：「真丈夫哉！」

（新唐書・狄仁傑列傳・卷六）

〈隨駕隱士〉

盧藏用始隱山中時，有意當世，人目為隨駕隱士。晚乃狗權利，務為驕縱，素節盡矣。司馬承貞嘗召至闕下，將還山，藏用指終南曰：「此中大有嘉處。」承貞徐曰：「以僕視之，仕宦之捷徑耳。」藏用慚。

（新唐書・盧藏用列傳・卷六）

〈勇無敵〉

趙思綰城中食盡，殺人而食，每犒宴，殺人數百，庖宰一如羊豕。思綰取其膽以酒吞之，語其下曰：「食膽至千，則勇無敵矣。」

（新五代史・雜傳・卷六）

〈三不開〉

馬允孫臨事多不能決，當時號為「三不開」，謂其不開口以論議，不開印以行事，不開門以延士大大也。

（新五代史・雜傳・卷六）

〈佛佞我〉

馬允孫既學韓愈為文，故多斥浮屠氏[5]之說。及罷歸，乃
反學佛，撰《法喜集》、《佛國記》行于世。時人誚之
曰：「佞清泰不徹，乃來佞佛。清泰，廢帝號也。」人
有戲允孫曰：「公素慕韓愈為人，而常誦傅奕之論，今
反佞佛，是佛佞公邪？公佞佛邪？」允孫答曰：「豈知
非佛佞我也？」時人傳以為笑。

（新五代史・雜傳・卷六）

十五、程世爵編・《笑林廣記》

　　程世爵，從序言中可知其為咸豐到光緒年間之人，且是一個蹭蹬
科舉沉淪下僚的落魄文人，其云：「僕從束髮受書，于今更數十寒暑
矣。嗟馬齒之加長，志空伏櫪；望鵬程而莫及，身阻登梯。造鳳無
才，不克和聲而鳴盛；續貂乏技，安能大筆以起衰。」遂以喜笑怒罵
的笑話來澆生平之塊壘。

　　《笑林廣記》全書凡一百四十九則，不分卷數，屬於小品的笑話
書，與游戲主人之《笑林廣記》十二卷之規模不同。程世爵《笑林廣
記・序》寫於清光緒二十五年，據此可知其編著應在晚清末世，序中
並揭示創作之效能在於「用效莊周之幻化，聊全曼倩之談諧，遂不覺
轉愁成喜，破涕為歡矣……世有同我以譏刺勸諷有關名教者，非余之
知音也；世有謂我以喜笑怒罵皆成文章者，則余之知己也。」是以調
笑為主。

---

[5]　浮屠氏：佛教。

〈好睡〉

一好睡主人，偏請了一位好睡客人。客至，見主人未出，乃在座上鼾睡。主人出，見客睡，不忍驚動，對面亦睡。俄而客醒，見主人睡，則又睡。既而主人醒，見客尚睡，乃仍睡。及客又醒，日已暮矣，主人仍未醒，客乃潛出。及主人醒，不復見客矣。客回家，主人入房，又均入黑甜鄉矣。

〈嗇刻鬼〉

有一極嗇刻人，真是不怕餓死，不吃飯，人人皆以嗇刻鬼呼之。這一日過河，連擺渡錢都不肯花，寧可涉水而過；行至中流，水深過腹，勢有滅頂之凶，急呼岸上人來救。人曰：「非二百錢不肯救。」嗇刻鬼曰：「給你一百文何如？」頃刻，水已過肩，又呼曰：「給你一百五十文何如？」岸上人仍不肯救，竟自溺水而亡。孽魂來至閻王殿前，王曰：「你這嗇刻鬼，在陽世視錢如命，一毛不拔；今日來至陰司，帶他去下油鍋。」鬼卒帶至油鍋前，只見油聲鼎沸，烈焰飛騰，嗇刻鬼曰：「這許多油，可惜太費；若把這油錢折給我，情願乾鍋炰。」鬼卒大喝一聲，將嗇刻鬼用叉挑入油鍋炸了一個焦頭爛額，少皮沒毛，乃將孽魂帶至閻王殿前發落。王曰：「此人這等可惡，應罰他變豬狗。」嗇刻鬼哭訴云：「罰我變豬狗，我也情願；惟有一件事，我甚冤枉。」閻王問曰：「你有何冤枉？」嗇刻鬼曰：「我在陽世，一輩子沒吃過蔥，求閻王爺指明，這蔥到底是個什麼味兒？」閻王聞聽，怒髮沖冠，指定嗇刻鬼罵曰：

「你這該死的孽魂，嗇刻的連蔥都沒吃過，待為王的告訴于你，這蔥是酸的，連閻王爺也沒吃過。」

〈不利語〉

有一人慣說不利之語，人皆厭之。一富翁新造廳房一所，慣說不利者往看。來至門前，敲門不應，大罵曰：「浪牢門，為何關得這樣緊？想必是死絕了！」翁出而怪之曰：「我此房費盡千金，不是容易，你出此不利之言，太覺不情！」其人曰：「此房若賣，只好值五百金罷了，如何要這樣大價？」翁怒曰：「我並未要賣，因何估價？」其人曰：「我勸你賣是好意，若遇一場大火，連屁也不值！」

一家五十得子，三朝，人皆往賀。這人也想去。友人勸之曰：「你說話不利，不去為佳。」其人曰：「我與你同去，我一言不發何如？」友曰：「你果不言，方可去得。」同到生子之家，入門叩喜，直到入席吃酒，始終不發一言，友甚悅之。臨行，見主人致謝曰：「今日我可一句話也沒說，我走後你的娃娃要抽四六風死了，可與我不相干。」

〈名讀書〉

車胤囊螢讀書，孫康映雪讀書，其貧不輟學可知。一日，康往拜胤，不遇，問家人：「主人何在？」答曰：「到外邊捉螢火蟲去了。」已而胤往拜康，見康立於庭下，問：「何不讀書？」答曰：「我看今日這天色，不像要下雪的光景。」

〈悼妓詩〉

秀才、富商、和尚、屠戶共嫖一妓，妓忽病亡，四人同來吊祭。秀才云：「我四人憐香惜玉，原有同情，何不作悼亡詩一首，以慰芳魂。」眾皆樂從。秀才云：「我們聯句。我說第一句。」詩曰：「一點芳魂墜玉樓。」富商說：「萬戶明珠何處求。」和尚說：「阿彌陀佛西方去。」輪到了屠戶，不會作詩，為難良久，乃曰：「我的肉內我的油。」

〈喜寫字〉

一人最喜與人寫字，而書法極壞。一日，有人手搖白紙扇一柄，他便想上前給人家扇上題字。那人乃長跪不起。寫字者曰：「不過扇上幾個字耳，何必下此大禮？」其人曰：「我不是求你寫，我是求你別寫！」

〈癡疑生〉

一秀才癡而多疑，夜在家嘗讀暗處，俟其妻過，突出擁之，妻驚拒大罵，秀才喜曰：「吾家出一貞婦矣。」嘗看史書，至不平處，必拍案切齒。一日，看秦檜殺岳武穆，不覺甚怒，拍桌大罵不休，其妻勸之曰：「家中只有十張桌，君已碎其八矣，何不留此桌吃飯也。」秀才叱之曰：「你或與秦檜通奸耶？」遂痛打其妻，妻亦不知其何故。

〈醫生祭文〉

公少讀書不成，學擊劍，又不成，學醫，自謂成。行醫三年，無問之者，公忿，公疾，公自醫，公卒。嗚乎！公死矣，公竟死矣，公死而天下人少死矣！不死公，而天下之人多死矣！爰為之銘曰：「君之用方，如虎如狼；君之醫術，非岐非黃。服君之藥，無病有病；著君之手，不亡而亡。尚饗。」

〈夫妻反目〉

夫妻反目，誓不交談，如誰説話，罰燒火一年。相持數日，婦人尚見掙扎，惟有男子欲火如焚，情不可遏。欲要直言，又恐以罰。無奈，伸過腿去，用腳趾挑弄。婦人醒而罵曰：「説了誰不理誰，你這是什麼緣故？」男子強詞以對曰：「我請老八吃鴨子，與你什麼相干？」

〈武弁看戲〉

武官與文官同日看戲，演七擒孟獲，武官曰：「這孟獲如此蠻野，不服王化！七擒七縱，猶且不服。想不到孟子後代，竟會有這樣桀驁不馴之人。」眾皆掩口而笑。一文官曰：「吾兄所説極是，到底還是孔子的後代孔明比孟獲強多了。」

〈南北兩謊〉

南北兩人均慣説謊，彼此企慕，不辭遠路相訪，恰遇中途，各敘寒溫。南人謂北人曰：「聞得貴處極冷，不

知其冷如何？」北人曰：「北方冷起來，撒尿都要帶棒兒，一撒就凍，隨凍隨敲，不然人墙凍在一起。冬天浴堂內洗澡，竟會連人凍在盆內。」南人曰：「開浴堂主人何在？」答曰：「未問浴堂東道主，但見盆內有冰人。」北人謂南人曰：「聞得尊處極熱，不知其熱如何？南人曰：「南方熱起，將生面餅貼在墙上，立時就熟。夏日街上有人趕豬，走不甚遠，都成了燒豬。」北人曰：「豬已如此，人何以堪？」答曰：「彼豬尚且成燒烤，其人早已成灰塵。」

六、吳沃堯・《新笑史》

吳沃堯（1866年—1910年），字趼人，一號我佛山人，廣東南海佛山人，為晚清著名文學家，在上海創辦采風報、奇新報、寓言報等；並主編過漢口時報、楚報等副刊，並擔任上海《月月小說》雜誌主編。撰有《二十年目睹之怪現狀》、《官場現形記》、《九尾龜》等小說。

吳沃堯共編寫四本笑話專集：《新笑史》、《新笑林廣記》、《俏皮話》、《滑稽談》。《新笑史》凡十九題二十二則，於光緒二十九年於《新小說》第八期及光緒三十一年第二十三期連載。內容以改寫晚清官場人物之各種世情為主，文字較一般笑話為長。

〈梁鼎芬蒙蔽張之洞〉

梁鼎芬主講兩湖書院時，一日往謁張之洞，張約以某日當到院考試諸生。梁歸，急出題目，命諸生為文，親為改削之，至臻完善，而不令謄正。至日，張至，梁置酒待之，請張命題。張轉以命梁，梁即以前日所命之題為

題。諸生始會梁意，即以其改就者謄正，繳卷時，酒才數巡也。張大喜曰：「非節翁教育之力不及也。」

〈問官奇話〉

朱瑛曾權上海租界會審事，一日，捕房解竊犯一人到，請訊。朱訊得繫西人之人物者，朱怒且啐曰：「中國人許多東西你不偷，你去偷外國人的東西，你的膽子還了得麼！」又某處失火，其鄰某甲負一衣箱出走。警察疑為搶火者也，拘之去，送公堂請訊。朱不問情由，喝令責打。責畢，方問究從何處搶來。甲曰：「此我己物也，箱內為某物某物。」發視之，良是。甲呼冤，朱干笑曰：「我代你打脫點晦氣也。」

〈陳寶渠〉

陳寶渠太守，杭州人，忘其為仁和籍、錢塘籍矣。為下海英租界會審委員時，捕役解小竊至，審為姓陳，輒顰蹙操杭音曰：「我們姓陳的人，沒有做賊的。」再審為杭州人，則又顰蹙搖首曰：「唉！那個許你做杭州人？」判罰畢，又謂之曰：「你下回做賊，到法租界去偷，不要到我這裡英租界來偷。」

〈避諱〉

避諱之說，春秋時已有之，而盛于秦漢，然不過為君上諱耳。挽近官場惡習，諱及上官，卑詔之俗，令人可笑。而彼輩方有以不知避諱為非者，蓋習非成是，已不

可以理喻矣。雲南火腿，產自雲南之宣威洲。有以此物獻盛宣懷者，其禮單書云：「宣腿若干。」幕府傳觀，引為笑柄。盛適至，一幕友舉以示之曰：「若干人為宮保送腿來也。」

丈 吳沃堯・《新笑林廣記》

《新笑林廣記》為吳趼人於光緒三十年（1904）刊載於《新小說》第十期，及光緒三十一年（1905）第十七期、二十二期，凡有二十二則，前有自序，序中說明創作意圖，序云：「邇日學者，深悟小說具改良社會之能力，於是競言小說。竊謂文字一道，其以入人者，壯詞不如諧語，故笑話小說尚焉。吾國笑話小說亦頗不鮮，然類皆陳陳相因，無甚新意識，新趣味，內中尤以《笑林廣記》為婦孺皆知之本，惜其內容鄙俚下文，皆下流社會之惡，非獨無益于閱者，且適足為導淫之漸。思有以改良之，作《新笑林廣記》」。《新笑林廣記》內容擬以改寫俚俗不文之笑話，然而矯枉過正，或流於教化性太強，或文采不彰。

〈問看書〉

甲乙二人同謁張之洞，張問甲近看何書。甲欲諛之，對曰：「近看〈勸學篇〉，獲益不淺。」張大喜，復問乙。乙本胸無點墨，以甲言看〈勸學篇〉，得張之喜，竊念類此之書，張亦必喜。乃對曰：「近日看〈勸學篇書後〉，獲益亦復不淺。」

按：此條昔年曾撰登上海某報者，因自詡造意頗雋，不嫌復迻，復錄於此。

〈罵畜生〉

風俗之日趨于下流，而不知自愛，有在于不知不覺之間者。世俗罵兒女，動曰：「畜生」。吾不知彼之罵子女為畜生者，其自視為何物？尤不知其視祖宗父母為何物？

〈帽子不要擺頭上〉

某西人曾習中國語而未精，就某學堂教習之聘。一日，學生入其室，忘脫帽，西人吃吃操華語謂之曰：「我們外國規矩，到人家房里，帽子不能擺在頭上的。你以後無論到誰人房裡，帽子不要擺在頭上。」

〈小牛小馬〉

世俗自謙其兒女，輒曰「小犬」。蓋取魏武謂劉景升兒子，若「豚犬」耳之意也。某君之謙其子女，獨曰：「小牛」、「小馬」。人問其，則曰：「中國亡後，國人皆牛馬，此輩尚小，非小牛小馬而何？」

〈神號鬼哭〉

我佛山人方捉筆撰小說，忽聞人言科舉廢矣，明詔且見矣。急索報紙視之，果然。乃投筆嘆曰：「今而後，神號鬼哭矣！」或曰：「哭煞酸秀才耳，于鬼神乎何有？」曰：「子不見求科舉者歟？僕僕亟拜于文昌帝君、魁斗星君之前也，今而後誰復祀之？謂神不當號耶？抑不聞科場果報之說歟？科舉廢，而含冤負屈于重泉之下者，不復得修怨之地，謂鬼不當哭耶？」

六、吳沃堯‧《俏皮話》

　　《俏皮話》為吳沃堯編撰，最初刊載於光緒年間各種報刊，後經過輯錄、續寫，於光緒三十二年至三十三年（1906年—1907年）重新刊載於《月月小說》第一至五期，於凡一百二十六題一百二十七則，其後，再由上海群學社統整成書，並於宣統元年（1909）刊印成單行本。自序云：「余生平喜詭詼之言，廣座間賓客雜沓，余至，必歡迎曰：『某至矣！』，及縱談，余偶發言，眾輒為捧腹，亦不自解吾言之何以可笑也。語已，輒錄，以付諸各日報，凡報紙之以諧謔為宗旨者，即以付之。報出，粵、港、南洋各報恆多采錄，甚至上海各小報亦采及之。年來倦于此事，然偶讀新出各種小報，所錄者猶多余舊作。……會月月小說社主人有《月月小說》之創，乃得請于主人，月以數則附諸冊末，庶可積外而成秩也。以一文不值瓿之物，而乃值得如許張致，敝帚自珍之譏，吾知其不免夫。」內容多託借於物種，以笑話寓言形式諷刺人情世態，是一本言簡意賅的笑話書籍。

〈指甲〉

　　一人蠢如木石，幾于飢寒飽暖都不辨。死後見閻王，閻王怒其無用，欲罰入畜生道中；又以其生平無大過惡，乃罰使仍得為人身之一物。以問判官，判官曰：「渠生平無用，或何之為眉為鬚可乎？」王曰：「鬚眉尚可為儀表，當罰為指甲。」此人哀乞曰：「倘賜生為指甲，小人願做中國人指甲，不願做外國人指甲也。」王問何故，對曰：「做中國人指甲，遇愛惜者，可長至數寸，縱然，亦可長至數分，總算有一個出頭之日。若落在外國人手裡，則日日用刀扦去，永無出頭之日。」

〈海狗〉

海狗，獸類也，而能入水。一日，水大至，淹沒山林，群獸盡逃。海狗游行水中，徜徉自得曰：「我亦水族也。」他日，水大退，龍宮將涸，諸水族咸大奔，趨入海洋深處。海狗立岸上，傲睨自喜曰：「我獸類也。水雖盡退，幸能奈我何？」無何，獵者至，槍斃之，取其腎以配春藥，服之大效。龍王聞之，嘆曰：「我早知這依違兩可的畜生，只會在此等下流事業上去逞能。」

〈野雞〉

野雞訟于冥王曰：「我本是一級有文彩之物，故古聖王亦繪我之像于衣服中，名我為華蟲。何以近來上海胡家宅一帶之流娼，亦襲我之名？」冥王曰：「時勢不同也。古聖王重爾，故取以繪衣；今人不重爾，故借爾以名流娼耳。」野雞曰：「不然，今之二品官，亦繡我以為補，何云不重？」冥王沈吟曰：「既如此，我交代世人，將來這些二品銜的官，也叫他做野雞官，給你一點面子罷。」

〈豬講天理〉

天時不正，疫症流行，及于六畜。外國人于起居飲食，最為謹慎。因查得有豬瘟之症，遂傳諭各屠戶：凡有要殺之，都要等外國醫生驗過，但是瘟，都不准殺。于是無病的豬，都先過刀而死。乃相謂曰：「不期這瘟畜生，倒反長命。」一豬曰：「本來這是天理之常，你不見世界上的瘟官，百姓日日望他死，他卻偏不死麼？」

〈貓辭職〉

皇帝以貓捕鼠有功，欲寺一官以酬其勞。貓力辭，不肯就職。皇帝異之，問是何意，貓曰：「臣今尚得為貓，倘一經做官，則並貓都不能做矣。」皇帝不准，一定要貓去到任。貓曰：「臣誓不能改節，若要到任做官，非改節不可；不然，則同僚皆不能安。故臣不敢受命也。」皇帝問何故，貓曰：「老鼠向來畏貓，而如今天下做官的都是一班鼠輩。倘臣出身做官，一班同寅何以自安？」

〈鳳凰孔雀〉

鄉下人不識孔雀，偶見之，互相譁告曰：「此鳳凰也，此鳳凰也！」語為鳳凰所聞，怒曰：「吾為鳥中之王，誰敢冒我之名者？使彩鸞往查之，知為孔雀，即回奏于鳳凰。鳳凰立傳孔雀至，大叱之曰：「汝何敢冒我之名，以欺世人？」孔雀曰：「冤哉！我何嘗敢冒？彼鄉人不識我，故誤呼為鳳凰耳。」鳳凰曰：「汝縱不冒我，也有冒職官之罪。」孔雀曰「我何嘗冒充職官？」鳳凰曰：「汝非冒充職官，何以戴著花翎？」

〈蝦蟆感恩〉

凡縣官去任，則百姓、紳董必送萬民傘，幾幾乎沿為成例。一知縣去任時，闔屬百姓，無有肯送萬民傘者。縣官方在懊惱，忽見有許多蝦蟆送來一頂萬民傘。縣官大喜而愛之，因問蝦蟆道：「你們何以肯送我萬民傘呢？」蝦蟆道：「自大老爺蒞任以來，雖沒有恩德及于

百姓，卻還循例出示，禁食田雞。故我等亦循例送傘，以志德政也。」他日，縣官即以此傘誇示于人。某狂生見之，笑曰：「老父台可謂今恩足以及禽獸。」

吉、吳沃堯・《滑稽談》

《滑稽談》，凡一百五十四題一百七十二則，內容以反映晚清之世態人情及社會百態爲主。原刊載於宣統二年（1910）之《輿論時事報》，後由上海掃葉山房於1915年刊印成單行本。

〈不必有用〉

滑稽者常言：「凡人不必有用，且無用之心必享福。不信，試觀人之五指，凡四指皆有用，惟無名指無用，而戒指必戴于無名指，是其証。」云云。因廣其意曰：「凡人面具五官：耳司聽，目司視，鼻司嗅，舌司言，口司飲食，皆有所用。而凡言人面者，必不舉五官，而獨舉一無所用鬚眉，以言代表，是亦不必有用之一證也。」然而調侃代表者不少矣。

〈外交人才〉

以一弱國，國于列強之間，一切外交，無不棘手。偶有失敗，又為國人所指謫，欲秘密之，又苦無策。外務省于是乎窮于術，外務大臣乃廣求人才，將引為助力。一日，有人來荐人才，具一手摺，內開無數人名。視之則皆富貴姬妾之名也，訝問：「此中有何人才？」對曰：「下皆長于外交，而善守秘密主義者。」

〈武松打虎〉

劇場上捐旗槍兵卒者，俗謂之「跑龍套」。某甲業此，而賭博無賴，屢向武小生某乙乞貸。乙久厭之。會甲博負，又向貸百二文，乙不應。是日劇場演景陽崗故事，乙扮武松，甲扮虎，往來撲跌，虎終不死。乙初莫名其妙，既而頓悟借貸事，因執虎耳而言曰：「畜生！借給你罷」拳起語出，語畢拳落，虎乃死。

〈官派〉

做官人死後見冥王，冥王惡其剝削民脂民膏也，貶之入九幽地獄，罰令永遠不許再投人身。一日，此做官人逃出地獄，將偷入陽間，而苦于無憑照，不能投胎，乃潛入化生道中。或問將何往，曰：「我要到陽間做臭蟲去。」問：「化生種類亦多，何必定要做臭蟲？」則對曰：「我們做官人，向來不肯失官派。我們做官時，日以吸民脂膏為事，故投去做臭蟲，日日吸人膏血，取其仍帶著幾分官派也。」

〈老鼠也遭劫〉

或又曰：「禁絕煙館，豈但臭蟲遭劫，即老鼠亦何嘗不遭劫？」蓋同一嗅煙成癮，同一失所依據也。滑稽者曰：「臭蟲既會回家去開燈，則老鼠更易設法矣。」問何法，曰：「渠只要到總匯裡去，鬼鬼祟祟吃兩筒。」

〈另字〉

某婦患難產，諸醫窮于術。忽一人獻策曰：「不須調治，我知道到了本月二十七日，立下。」人問何，曰：「你不信，翻開《曆書》看看，今年可是三月二十七日立夏。」

〈吃羊肉〉

一人貧而饞，苦無可得食，乃拾取石塊，就溪邊濯之，云將煮食也。或言：「子非白石先生，詎可以啖此？」則對曰：「此羊肉也，曷不可食？或疑其痴，則又應曰：「黃初平叱羊成羊，此寧非羊肉？」

〈沒有兒子〉

新學少年，忽然欲涉獵舊學，購得《百子全書》一部歸，先遍檢各書目，嘆曰：「無怪乎外人譏我倫理之不完全也！」人問其故，對曰：「你看這《百子全書》之中，有了老子，又有孫子，卻偏偏沒有兒子，豈不是不完全麼？」

〈也是一個問答〉

國朝官階大小，別以頂色：曰紅，曰藍，曰白，曰金。而一色之中，又有鏤花、光身、明、暗之別。蓋取意于正紅、鑲紅、正藍、鑲藍、正白、鑲白、正黃、鑲黃八旗之意也。然而八旗之外，尚有旗一種，不知當日何以不作一綠頂？或答曰：「所以近來大人先生，爬到紅頂之後，每每廣置姬妾，制為綠頭巾，此補此缺憾也。」

〈戴藍眼鏡者一笑〉

西俗藥房貯毒品一瓶，例用藍玻璃為別，蓋恐人誤嘗，故特作此記認，亦慎重之意也。有因夏日天氣酷熱，陽光逼人，特購一藍眼鏡戴之以禦光者。或見之，訝曰：「豈尊目有毒耶？」

〈做鐵甲船材料〉

某甲言：「政府日日謀興海軍，奈無鐵甲船，總是空談無補。」乙曰：「本不難，今官場中人之面，都是做鐵甲船之材料，吾行將上此條陳矣。」甲問：「面皮何能造鐵甲船？」乙附耳言曰：「渠等都是笑罵由他笑罵，好官我自為之之輩，其面皮之厚，雖開花炮亦不足以洞穿之，豈非絕好材料？」甲曰：「然則汝持此以上條陳，豈不觸其怒耶？」乙曰：否。吾上條陳，即當變其說。」問變何說，曰：「我只說諸位大人大老爺，都是鐵面無私的，所以借重諸位面皮造鐵甲船，甚是合用。」

〈涓滴歸公〉

甲滴酒不飲，每燕會，注酒少許于杯中，若殘瀝然，終席不嘗及。一日眾聚飲，既酣，以巨觥宣拇戰，瓶罄而觥猶未滿。甲取口杯中之少許，傾內之。乙見而笑曰：「使子管理財政，必大佳。」問何故，曰：「涓滴歸公也。」

〈不共戴天〉

有吸食鴉片成大癮者，終歲俾晝作夜。其妻每語人曰：「渠與我有父母之仇者也。」人訝問何故，其妻曰：「每日我起來時，他便睡倒，我睡倒時，他便起來。我兩人之頭，曾無共戴天之一日，豈非父母之仇？」

〈誤鼠〉

鄉曲老學究初入城市，聞人曰，某校某日放暑假。學究詫曰：「放了鼠假，不知還放貓假否？」

〈無本生利〉

或相聚談經商之道，均「多財善賈」為不易之名言，斷無無本生利之法。或曰：「士夫沽名，妓女賣笑，豈非無本生利？」則更有進一解者曰：「此不過小生意而已，彼其賣礦、賣路、賣域者，何曾用本來？」

〈鐵面〉

昔年在茶室中，見流娼往來蹀躞，諸品茶者咸目逆送之。因戲語人曰：「今世男子，皆以鐵為面者。」或曰：「鐵面無私，世有幾人？」曰：「諸男子雖皆鐵面，惜夫女子之面，又皆是吸鐵石也。不信，但看流娼過處，諸人面皆隨之以轉，是其證矣。」

〈招租〉

殷富人家，每每年老即預置壽材，寄放于寺觀之中，歲加髹漆。此亦人子慎終之意，不得概以凶事譏之也，某甲入廟，見有置壽材者，嘆曰：「如此佳品，空置可惜。」或笑問：「不空置，將如何？」甲戲拾石灰塊，于材面大書：「招租」二字。

〈招租〉

某文士窮極無聊，炊煙屢斷，困餓不堪。一日踞坐路旁，于頰上貼一紙曰：「此口招租。」人問：「租汝口何用？」曰：「租給人家吃飯去。」

〈湊壽禮〉

有送人壽禮者，已備壽幛、壽屏、壽聯、壽燭、壽麵、壽酒、壽包、壽桃八式，獨搔首躊躇曰：「能配夠十樣就好。」或曰：「不消配得，到了拜壽那天，你親自去拜壽，便足足十樣了。」其人問何故，對曰：「已經有了八樣，再加上你這壽頭、壽腦配起來，不是足足十樣麼？」

國家圖書館出版品預行編目資料

中國笑話讀本／林淑貞著. ──初版. ──臺
北市：五南，2015.09
　　面；　公分
ISBN 978-957-11-8181-3（平裝）

1.笑話

839.8　　　　　　　　　104011306

1X6Z 通識系列

中國笑話讀本

作　　者 ─ 林淑貞

發 行 人 ─ 楊榮川

總 編 輯 ─ 王翠華

主　　編 ─ 黃惠娟

責任編輯 ─ 蔡佳伶

封面設計 ─ 童安安

出 版 者 ─ 五南圖書出版股份有限公司

地　　址：106台北市大安區和平東路二段339號4樓

電　　話：(02)2705-5066　　傳　　真：(02)2706-6100

網　　址：http://www.wunan.com.tw

電子郵件：wunan@wunan.com.tw

劃撥帳號：01068953

戶　　名：五南圖書出版股份有限公司

法律顧問　林勝安律師事務所　林勝安律師

出版日期　2015年9月初版一刷

定　　價　新臺幣320元